Julián Gutiérrez Palacio

MANUAL PARA AMAR A LOS HOMBRES
- u odiarlos -

Manual para amar a los hombres
u "odiarlos"

Julián Gutiérrez Palacio

Manual para amar a los hombres u "odiarlos"

Julián Gutiérrez Palacio

ISBN: 978-958-46-9454-6
Registro de derechos de autor: 10-606-445 de 24 oct-2016
Primera Edición: 2016

Diseño de Caratula
Andres Felipe Monsalve

Corrección de estilo:
Karina Ramírez

Fotografias de la caratula:
Stock by getty images photo ID:27531989 por ozgurdonmaz

A toda mi familia pero en especial a mi hermana Caro, ella cree que soy especial. Solo espero que tú sepas que lo eres también

Tabla de Contenido

PRÓLOGO..11
Capítulo 1..13
  ¿Qué pensamos nosotros de ustedes?......................13
    La base de todos los problemas............................13
    Esperemos a ver qué pasa.....................................16
    Y al fin ¿Qué pensamos?.......................................18
    Somos básicos o prácticos....................................29
    Ver y no tocar...32
    Múltiples pensamientos, divergencia segura.....35
Capítulo 2..39
  ¿Qué creemos nosotros que ustedes piensan?........39
    Matriarcado de nacimiento.................................39
    Independencia sí, pero con condiciones............42
    La barrera de la edad...46
    Todo bajo control..48
    Pero si tu no me dijiste nada...............................53
    Es que antes 57
Capítulo 3..63
  En el camino del deseo...63
    Lo oculto..63
    Lo evidente..66
    Lo deseado...70
    Lo presente..75
    Receta para la infidelidad....................................78
Capítulo 4..83
  ¿Por qué siempre les falta 5 para el peso?..............83
    La inconformidad femenina................................83
    La inconformidad masculina...............................86

Siempre queremos lo que no tenemos...........89
¿Qué es lo que quieren y buscan los hombres?. 91
Evolución y adaptación desde el inconformismo
....95
Capítulo 5..99
Si todo es posible ¿ Por qué no pasa?...............99
El que piensa pierde...99
Miedos y egos el peor afrodisíaco..................102
¿Quién, cómo y cuándo?................................109
¿Todo es posible?...113
Fantasmas del pasado....................................116
Capítulo 6..121
¿Y si pasara qué?...121
Hay química, eso es indudable.......................121
3, 2, 1, ¡contacto!...125
Antes de las cenizas, las brasas.....................130
Oferta y demanda..134
Capítulo 7..141
Empaque y vámonos......................................141
Se armó solo y no hay instrucciones para desarmarlo..141
Huyan ¡Es una trampa!..................................147
Aguantar..151
Regla 1: No negociar con secuestradores.........155
"Reset"...159
Capítulo 8..165
¿Al fin qué pasó con las cenizas?...................165
Oportunidades...165
Reconciliación...170
Sólo es otro giro de la rueda..........................175
Comenzando de nuevo...................................178

Soledad..182
Capítulo 9..187
   Esto aún no termina..187
Agradecimientos...191

PRÓLOGO

En el año 1992 John Gray escribió uno de sus libros más famosos cuyo nombre es: *"Los hombres son de Marte, las mujeres son de Venus"* el cual enmarca de forma genial un nuevo género literario que llena los anaqueles de los almacenes de cadena, conocida como "psicología pop". Obviamente él era todo un doctor; por mi parte no soy más que un ingeniero, sí, ingeniero, que no pretende ser un "sicólogo pop", es más, no pretende absolutamente nada excepto divertirse escribiendo y de paso divertir a quien lea.

Imagina que te sientas en una mesa de un café con un gran amigo, de esos a los que les puedes contar de todo, o mejor aún, de esos que ya sabe todo de ti, que conoce tus demonios, tus luces y tus sombras. Imagina una conversación en una tarde cálida acompañada de un excelente cóctel dulzón y una conversación de esas que te hacen pensar que las horas no son suficientes. Eso mismo, pero sin romanticismo de por medio, es este libro, léelo como una versión divertida de un libro de autoayuda que aplica o no.

No juzgo ni encasillo, solo de forma relajada expongo algunos temas curiosos de nuestra mezcla inevitable entre hombres y mujeres, si te sientes identificada o si ves el reflejo de alguna de tus amigas o amigos no dudes seguir leyendo, seguramente todo lo que está aquí escrito debe pasarle a alguien más, al menos eso espero.

Como una buena reunión de amigos piensa que no es más que una conversación sin tapujos, que no busca juzgar o encasillar un género o una persona. No es un libro psicológico ni tampoco pretende serlo, tampoco es un libro de autoayuda pues en realidad estos libros solo sirven a quienes los han escrito -¡Que karma estaré pagando¡ jajaja- Diviértete leyéndolo, esa es la idea central. Si al menos logro que esboces una pequeña sonrisa en alguno de los pasajes que encuentres a continuación, habré logrado mi objetivo.

Capítulo 1

¿Qué pensamos nosotros de ustedes?

La base de todos los problemas

El género femenino se quiebra la cabeza pensando en qué pasa por nuestras mentes con respecto a ustedes. La verdad sea dicha, y, como muchos autores lo confirman, somos de planetas diferentes.

El hombre es un ser extremadamente básico ¡como si no lo supieran ya! Pero el serlo nos lleva más allá de nuestras acciones, que normalmente van ligadas única y exclusivamente a generar algún beneficio para nosotros mismos; la humanidad no es naturalmente altruista como tampoco lo es la naturaleza.

Manual para amar a los hombres u "odiarlos"

Y esa es precisamente la raíz de nuestros problemas, todo en el universo debe girar en torno a algo. Así como la luna gira alrededor de la tierra y a su vez la tierra alrededor del sol, la cabeza del hombre gira alrededor de los pequeños y los grandes placeres, como si fuéramos un astro más.

Entre tanto las mujeres pretenden y esperan ser nuestros soles ¿cierto mi solecito?

Desde que somos pequeños nos enseñan a compartir desde un juguete hasta la comida; es tal vez una de las lecciones más difíciles de asimilar para un niño que no entiende cómo algo que es de él por derecho debe pasar a otro, sin ninguna razón más que la frase tierna de: "recuerda que debes compartir". Después crecemos y nos damos cuenta que nos pasamos la mitad de la vida compartiendo con los demás sin recibir nada a cambio, confiamos en una sociedad justa a la hora de compartir y nos damos cuenta cruelmente que la única forma de sentirte bien es dejando de compartir poco a poco; suena egoísta pero es la realidad. Y esto nos lleva al embrollo de las relaciones serias y no serias.

El género femenino odia compartir, el problema es que visionan a su hombre como un objeto y no como

¿Qué pensamos nosotros de ustedes?

una persona que también odia hacerlo, y ese precisamente es el eje del mal: quien orbita en torno a quien comparte y quien no.

Desde la percepción básica femenina y más desde el punto de vista de nuestra cultura machista, desde los inicios de los tiempos el hombre es el que debe hacer el trabajo sucio a la hora de conquistar a una dama. Debemos adquirir y usar una serie de estereotipos con respecto a la caballerosidad, tratando de cumplir las expectativas que ustedes esperan de nosotros, tema difícil ¡Créanme!

Pero se pone más difícil después, cuando ya tienes tu premio entre manos, ellas asumen que ya tú giras en torno a ellas y lo que antes te compartían, ahora debe ser ganado como un premio. Como diría Calamaro en su canción *La Libertad:* "Algunos tristemente enamorados pagando todavía el precio del amor".

Orbitar en torno alguien que se quiere no es del todo malo, esa fue tu elección, si no caíste en la trampa de la belleza femenina y de las máscaras de la seducción que ellas dominan desde que sus cuerpos comienzan a cambiar. El problema es que orbitar siempre no es naturalmente posible y hasta los planetas terminan por huir o destruirse en algún momento. Una relación

Manual para amar a los hombres u "odiarlos"

de pareja es un juego de poder donde suelto y aprieto a mi conveniencia, y puedo asegurar que más del 80% de las parejas del mundo hace o deja de hacer algo por la simple razón de no molestar al otro para que luego no se te devuelva a ti.

Es una ley de la física, toda acción tiene una reacción y parte de un solo eje, el egoísmo por lo que se supone es tuyo, ya sea tu tiempo, tu música, tu comida, tus gustos, tus necesidades o una simple reunión con tu madre.

Esperemos a ver qué pasa

Creo que es el término que más se repite en una conversación entre amigas, el famoso "esperemos a ver qué pasa". Y saben algo, creo que les encanta; son como las películas de misterio, mientras más las pongan a sufrir más les gusta, pero no es para toda la vida porque la madurez ayuda a cambiar esa situación y eso lo veremos más adelante.

A la gran mayoría de las mujeres con vida de pareja o en búsqueda de una, se les pasa la vida esperando. Esperan al hombre ideal y la mayoría de veces lo consiguen pero no se dan cuenta; esperan el momento ideal, la cena ideal, la pedida de mano ideal, la iglesia

¿Qué pensamos nosotros de ustedes?

ideal, la casa ideal, los hijos ideales, uffff... En resumen, toda una vida de libro de cuento de hadas.

Les tengo una mala y una buena noticia, la mala es que no lo van a conseguir esperando, la buena noticia es que probablemente ya tengan muchas de las cosas que están buscando, solo deben detenerse un momento y mirar a su alrededor, tal vez sea más lo que tienes que asumir y menos lo que debas cambiar en esa persona que te acompaña.

A no ser que tus sueños sean unicornios morados o elefantes voladores, las mujeres suelen tener mucho de lo que desean, el problema principal radica en que una mujer nunca se conforma por más que tenga. Solo den un vistazo al canal E! o a MTV, para que vean que mujeres millonarias extremadamente atractivas cambian de marido como si estos se vencieran cada año.

Tengo el placer de conocer a algunas mujeres que han superado el karma de la espera y ahora son solo mujeres de acción. Han tenido caminos muy difíciles, pérdidas muy grandes y lecciones que no le deseo a ninguna de mis lectoras; pero ahora son de las pocas que construyen con base a sus necesidades y

Manual para amar a los hombres u "odiarlos"

capacidades. La vida les enseñó a no esperar sino a actuar en su ventaja.

Difícil lección sin duda, pero llega un momento en que el tiempo, el desgaste o una epifanía divina hace que cambien su actitud para lograr, sin lugar a duda un viraje positivo en sus vida. Recuerden que la vida suele tomar decisiones por nosotros cuando nosotros no las hacemos.

Y al fin ¿Qué pensamos?

Vamos a dividir este tema en etapas: antes, durante, después.

Antes: cuando vemos a una chica y somos seres libres y sin ataduras todos nuestros pensamientos se centran en la curiosidad a todos los niveles, desde el punto de vista social, de comportamiento, sexual, etc.

Nuestra mente divaga en: cómo sería si, qué le gustará, cuál será su música favorita, cómo se verá desnuda, cómo se moverá, a qué olerá. Esa es la cabeza del hombre durante el cortejo y por eso la competencia se hace más dura al pasar los años para las mujeres, mientras que para nosotros el abanico es más amplio,

¿Qué pensamos nosotros de ustedes?

gracias a la madurez y a las estrategias que vamos conociendo con los años.

También es lo que hace que se tomen dos horas para salir a cualquier parte y ¡ojo! aun cuando ya están con una pareja estable (aquí se ríen todas). Lo peor es que usan la misma excusa: "me estoy poniendo linda para ti" y por nuestra mente solo pasa: ¡si supiera que se ve mejor sin ropa! *"Las mujeres se enamoran de lo que escuchan y los hombres de lo que ven. Por eso las mujeres se maquillan y los hombres mienten."* [1]

Durante: Cuando elegimos nuestra víctima, que normalmente es el cuento que nos queremos creer pero que no es así, las víctimas somos nosotros y para la muestra solo deben presenciar una conversación entre amigas. Nuestra cabeza gira en torno al agrado y a todo lo relacionado con el ego, mientras más, mejor. Por eso el 100 % de las madres dicen y sostienen: "es que uno pasa muy bueno de novio" Señora madre ¡tiene toda la razón! Los novios no piensan sino en ir más allá con su hija y cuando lo consiguen no queda más que seguir con el Kamasutra en orden. Simulamos y actuamos acorde a lo que deseamos con ustedes aún

---
1
 Dr. Gregory House (La serie)

Manual para amar a los hombres u "odiarlos"

si esto implica mostrarles lo que ustedes más desean ver.

Dejando de lado el momento hormonal por el que todos pasamos también tenemos eso que se llama corazón y que sin lugar a dudas lo sentimos en algún momento, eso ocurre cuando nos damos cuenta que lo que vemos en ustedes va más allá de lo exterior y de una química compleja de feromonas y cuerpos esculturales.

Es en ese momento cuando nuestro interés trasciende y nos decidimos sin darnos cuenta a tener novia. Por eso se repite en muchas parejas mentalmente o en voz alta "ya llevamos X meses, como pasa el tiempo de rápido" Así es, el hombre se enamora sin darse cuenta mientras que la mujer busca ser enamorada y lo hace tan conscientemente que espera que pase y se entristece cuando deja de pasar.

Esto nos deja en los conocidos momentos de confort de pareja, lo que yo llamaría "el equilibrio irrompible de la relación" aquel en que se dejan de encontrarse similitudes y pasan a encontrarse defectos. Es cuando te das cuenta que estas en algo grande y piensas con el corazón y no con la cabeza, si continuar o no. Las

¿Qué pensamos nosotros de ustedes?

mujeres lo dirían de otra forma, algo así como "Es que me gusta pero…"

Si esta etapa se supera, y les recuerdo que la mayoría de las relaciones no supera los 6 meses y eso en el mejor de los casos. Se puede nombrar entonces como una relación estable, si en 6 meses no lo presentaste a tus padres es porque tu tienes otras cosas en mente y alguno de los dos no se ha dado cuenta.

Las relaciones serias traen consigo un cantidad de responsabilidades y problemas: del lado femenino está esa necesidad de sentirse lindas, apreciadas, queridas, amadas, etc. Para los hombres se está simplemente en esa etapa inicial, la facilidad del sexo sin mucho esfuerzo. Mientras lucen su nueva adquisición a la sociedad y sí, también nos gusta que nos digan cosas lindas y que nos toquen la cara con sus manos.

Es entonces cuando las cosas comienzan a cambiar y es aquí donde normalmente nos preguntamos ¿Cuándo fue la última vez que pude elegir qué hacer un fin de semana sin generar consecuencias en alguien? Las mujeres hablan de él como de costumbre, y suele mencionar el tema anteponiendo a cada frase las palabras: "es que ya no…" y es por este motivo que nosotros a través del buen entrenamiento que nos han

Manual para amar a los hombres u "odiarlos"

dado, pasamos a repetir de forma mecánica y sistemática las palabras que antes tenían un significado profundo: Te amo, me haces falta, no estas gordita, etc., y pasan a ser frases automáticas con la única profundidad de evitar el conflicto.

Como dirían los grandes de Les Luthiers "El amor eterno dura aproximadamente 3 meses". No es que no las queramos o amemos y quiero dejar eso claro, no es que no estemos enamorados de ustedes, la cuestión es más simple; no nos gusta sentirnos exprimidos, no nos gusta la presión y para evitar el lío decimos lo que decimos en el momento que nos lo piden. Terminamos convirtiéndonos en animales de circo bien entrenados.

Ojo, no estoy diciendo que el amor no existe; existe pero como les mencioné antes, aquí vamos a hablar de realidades y el amor para mi no es más que un acto de fe con mucha química.

En este punto de la relación las cosas se ponen interesantes a nivel humano: las mujeres pasan a ser soles de extrema brillantez y los hombres simplemente pasan a decir sí como perritos de taxista, aunque en nuestro interior solo estamos disfrutando

¿Qué pensamos nosotros de ustedes?

del confort. Esto nos lleva a las consecuencias naturales de todo noviazgo.

El después: O se termina o pasa a ser algo más serio, y esa última palabra, en todo el sentido que pueda tener serio es serio. No por los miles que hay que invertir en los demás para que lo vean a uno haciendo de serio, sino por lo que conlleva llevar un anillo, tanto para ella como para nosotros.

Vamos al primero de los estados y sus reacciones. Aquí el género femenino saca a relucir cuanto tenía invertido, nosotros somos más lentos por naturaleza y como nos conformamos con más poco, tendemos a demorarnos más en darnos cuenta lo que perdimos, en este punto ustedes son más rápidas y suelen asumir a través del orgullo que las cosas están perdidas aún cuando la esperanza es lo último que se pierde. Siempre tendrás a una amiga o un familiar diciendo "¡No lo llames! que él te busque"

Una vez que una mujer termina una relación existen dos posibilidades: si ella lo terminó, quiere decir que fue una decisión sesuda, entre ella y sus amigas las cosas ya estaban pensadas; si por el contrario fue él quien le terminó... ¡Oh lío!

Manual para amar a los hombres u "odiarlos"

Comienzan las etapas del duelo, de modo que si alguna tiene interés en conocerlas, pues puede leer un libro de esos que se encuentran en las cajas de los supermercados y que indudablemente, tienen "el target comercial identificado".

Este duelo no ocurre a solas, normalmente las mujeres se consuelan en manada, todo lo preguntan aunque al final metan las patas solas, aún cuando sus amigas les recomendaron lo contrario. Terminan como siempre en lo mismo, lamentándose entre todas. Lo cual no es del todo malo pues en nuestro caso, nuestros lamentos terminan por convertirse en frustraciones, pues raras veces salen a flote.

Después del duelo (favor leer con algo de dramatismo de novela), vienen los: "...Me hace mucha falta...", él "...Es que yo lo amooooo...", "... Me voy a morir...", "...Lo voy a llamar...", "... será que está con otra..."; en fin, mil frases que no alcanzaría a describir pero que sin duda son de uso común y continuo. Llega la etapa de la venganza y me disculpan si difiero de la Dra. E. Ross -al fin y al cabo es mujer y psicóloga- que escribe para vender y eso no necesariamente significa decir verdades. Yo a diferencia de ella escribo por diversión, entre tanto imagino contando esto a alguna de ustedes mientras sus ojos están como monedas.

¿Qué pensamos nosotros de ustedes?

Sí, las mujeres aman la venganza. ¡Es un hecho! Unas a gran escala y las pueden ver en los canales de televisión en programas como *"Mujeres asesinas"* o cualquier *"talk show"*. Otras a mediana escala, como aquellas que te envían los recuerdos a la casa o se buscan un pelele con el patrocinio de las amigas, para pasearlo por nuestra cara de forma sistemática cuando saben que estarás en algún sitio cerca de ella; por cierto, alguna vez me tocó ese papel, después les contaré. Y aquellas que aplican la venganza pero por una extraña razón contra ellas mismas.

Aquí es donde se me hace difícil entenderlas, si él te dejó, si estas llorando por su culpa, si subiste tres kilos a punta de helado y chocolates, ¿por que carajos buscas su facebook, lees su twitter y contratas un hacker para entrar a su cuenta de correo electrónico?

Creo que una posible respuesta, es que a ustedes, mis queridas amigas, les gusta el masoquismo. Existe otro grupo que cada vez se hace más común entre ustedes y es el grupo del orgullo. El mismo orgullo que evita la llamada, también hace que actúen con firmeza aún cuando las dudas y la incertidumbre sigan en la cabeza y el corazón. Cuando una mujer enfrenta una separación con este método se hace ver más firme, sin embargo, no pueden vivir sin la certeza y eso nos trae

Manual para amar a los hombres u "odiarlos"

de regreso al mundo de la incertidumbre. Mundo que odian y del que huyen permanentemente, y eso es lo que supuestamente elimina el anillo de compromiso: "La incertidumbre"

Suele decirse que las mujeres son menos arriesgadas que los hombres, a mi me gusta pensarlo de otra forma, creo que las mujeres siempre actúan con un plan B, mientras que los hombres por el contrario pueden darse a la tarea de lanzarse a cualquier proyecto sin saber qué encontrarán, somos más prácticos que arriesgados realmente, no nos tomamos el trabajo de planear la ruta de escape, nos creemos tan capaces (visión machista) que pensamos ...después vemos qué hacemos ... por eso nunca preguntamos una dirección!

La segunda opción es mucho más alegre y divertida y hablo por los dos, aunque evidentemente las mujeres parecen disfrutarlo más, pues viven del momento mágico y no de sus consecuencias, me refiero a el matrimonio.

Y aunque este tema podría dar para miles de libros no puedo dejarlo pasar sin analizarlo un poco, a mi manera de ver, la simbología y la ceremonia no son más que una seguidilla de costumbres en el tiempo, un

¿Qué pensamos nosotros de ustedes?

protocolo obligatorio que se debe cumplir a como dé lugar, pero que de fondo no tiene más objetivo que oficializar algo que ya está oficializado por los dos protagonistas hace mucho tiempo.

Tomar este paso no es fácil, llegar a este punto en el que eliges a alguien para pasar el resto de tu vida no es un tema fácil de masticar, por un hombre que en su vida disfruta del confort y de la libertad.

Cuando la decisión llega por el lado de ustedes, nuevamente llegamos al facilismo, ustedes solo deben decir: sí, acepto. Si es que no están seguras, entonces solo deben ser amables y dejar que el hombre pierda la ilusión en una dolorosa agonía.

El matrimonio, unión libre o "arrejuntamiento" trae consigo una serie de responsabilidades de pareja, que aún no conozco en profundidad pero que intuyo van por el lado de la resistencia a la costumbre y el uso extremo de la creatividad en el tiempo.

Se conoce como el motivo por el cual buscamos a alguien, todos nos dicen que lo hacemos para formar una familia, pero en el fondo lo hacemos por una necesidad innata basada en el miedo de no llegar solos

Manual para amar a los hombres u "odiarlos"

a la vejez, miedo que a su vez es totalmente infundado.

El amor si existe, pero nuevamente no es lo que pensamos, el amor cambia y se transforma con el tiempo y cuando logramos sincronizar estos cambios entendiendo cuál es su proceso natural, en ese preciso momento cada fibra de nuestro cuerpo se da cuenta que esa persona es con quien queremos pasar el resto de nuestras vidas.

En nuestra mente apaciguamos las preocupaciones y pasamos a la felicidad, a nosotros nos basta con ustedes y para tenerlas a ustedes no necesitamos anillos, ni fiestas, ni ceremonias, simplemente necesitamos la oportunidad de estar a su lado día tras día.

Así que no se extrañen si nos ven serios, si no le ponemos mucho interés a las cosas y si por el contrario pasamos al simple "...Si amor lo que tu quieras..." nuestra meta ya fue cruzada en este punto, la de ustedes está después del altar.

Retomaré este tema más adelante, pues como les mencione hay mucha tela por cortar y si de culpas vamos a hablar, la culpa la tenemos todos.

¿Qué pensamos nosotros de ustedes?

Somos básicos o prácticos

Para el común de las mujeres los hombres somos unos seres básicos; mientras que para nosotros es un placer llenarnos la boca diciendo que somos prácticos, este pequeño problema de concepto nos trae más inconvenientes que beneficios a ambos géneros.

Para el género femenino se convierte en un reto complacer al hombre cuando se dan cuenta que con cualquier cosa está feliz, de hecho somos seres que podemos ser felices simplemente haciendo nada, concepto que es muy difícil de entender por una mujer, pues ustedes no son capaces de no hacer nada.

Para nosotros también se hace muy complejo hacernos entender pues una simple explicación para nosotros basta. Regresando al caso anterior qué pasaría si estamos tirados en un sofá con una cerveza en la mano y nuestra chica nos pregunta ... ¿ qué haces ? a lo que uno responde simplemente ... nada. Prácticamente se les ve salir el humo de la cabeza, para ellas no es posible estar haciendo nada y para nosotros es más imposible aún hacerlas entender que sí se puede hacer nada y que además es extremadamente placentero.

Manual para amar a los hombres u "odiarlos"

Voy a ilustrarlo con otro ejemplo: cuántas de ustedes se han visto en problemas a la hora de buscar un regalo para su pareja? ahora, echemos un vistazo a un mapa mental de cualquier centro comercial y respóndanme con sinceridad, ¿cuántos almacenes para mujeres hay? y ¿cuántos para hombres?. Les aseguro que los porcentajes son bastante divergentes y demuestran sin lugar a dudas que es más difícil regalarle algo a una mujer que a un hombre.

Para nosotros es abrumador en todo el sentido de la palabra encontrar un presente para ustedes y en ocasiones, toca acudir a tretas bastante interesantes para lograr el regalo perfecto, aprendemos rápidamente a anotar referencias de prendas, negociamos con las vendedoras de tu almacén favorito o simplemente tomamos atenta nota de aquello que viste diez veces pero que aún no te decides a comprar.

Y que ni se nos ocurra preguntar ¿Qué quieres? porque eso arruinaría la sorpresa y es tal vez una de las cosas que más les gusta; para nosotros sería más fácil que simplemente nos dijeran... mira amor yo quiero esa blusa y esos zapatos... fin de la historia "*your wish is my command*".

¿Qué pensamos nosotros de ustedes?

Ser prácticos está dentro de nuestros genes, no es una opción para nosotros; somos simplistas en exceso y nos gustan las cosas que muestra resultados en tiempos cortos, pero a su vez nos gustan los retos difíciles por el simple hecho de mostrarnos más, frente a nuestros compañeros de género y esa es la razón por la que nos gustan ustedes, chicas.

Así_como ustedes vienen con el manual de cómo estrellar al hombre de mil y una formas, nosotros traemos el manual de cómo conseguir lo que queremos así nos estrellen mil y una vez. Nuestro pensamiento siempre gira entorno a la meta y eso nos hace básicos en pensamiento pero prácticos en acciones.

El problema llega cuando alcanzamos esa meta y tal como lo mencionaba arriba es uno de los factores más comunes de los problemas de pareja, somos seres que se acomodan fácil, nuestro estado es de tranquilidad y cuando la encontramos dejamos de lado los esfuerzos y perdemos la atención a los detalles pues nuestra presa ya está en la mano.

Manual para amar a los hombres u "odiarlos"

Ver y no tocar.

Yendo al fondo de nuestro déficit de atención y ya con nuestra parejas "estables" que es mucho decir, pues de estable no tienen nada. Ustedes como género son mutables y cambiantes aunque en el fondo siempre están buscando la estabilidad y el control de su entorno, eso nos incluye a nosotros y es cuando se presenta el siguiente acontecimiento.

Los hombres pasamos de un estado estable de costumbre a un estado de observación continua; un hombre con una relación de cierto tiempo comienza a ver a las mujeres de su entorno constantemente y eso les exaspera a ustedes por obvias razones.

¿Por qué tenemos esa búsqueda interminable de la más linda del recinto? y ¿Por qué esa búsqueda se multiplica cuando tenemos un amigo al lado? Son unas preguntas que espero contestar en los siguientes renglones.

La vida de un hombre está regida por las mujeres, sea en una relación o no; somos seres que evolucionamos de los animales y como tal el macho "alfa o no" siempre está en la búsqueda de la hembra, aun si la

¿Qué pensamos nosotros de ustedes?

hembra oficial está a su lado, siempre estamos buscando más.

Para ustedes como mujeres es difícil entender este punto, aunque no dejan títere con cabeza cuando de reuniones féminas se trata y más aún si es en público. Hay que entender algo esencial, para nosotros es natural y les voy a poner un ejemplo básico.

¿Qué pasa si vas por la calle y de repente sientes un olor a pan? ¡simple! Volteas y miras de dónde viene tan delicioso olor (no tomen la anterior frase con doble sentido,esa no es mi intención).

Ustedes chicas son como el olor al mejor pan o a galletas recién horneadas. Ustedes, hermosas mujeres, hacen que nuestro cuerpo esté en búsqueda constante; está en nuestros genes y por ende no es un tema fácil de remover aún para el hombre más sumiso del planeta.

Así que, dejando este punto claro, viene la parte compleja ¿Qué pasa si tu pareja te ve mirando a otra chica? una de dos, o se hace la boba y almacena fecha, hora y momento para sacarlo en cara más adelante -seguramente el mismo día- o por el contrario, de

Manual para amar a los hombres u "odiarlos"

inmediato te suelta la bomba y comienza una serie de preguntas bien conocidas. ¿A quién estás mirando?, ¡Eeee mijitico! ¿Se la presento? ¿Está muy linda o qué? y con tono más irónico: "Tranquilo, váyase detrás que yo sigo sola..."; entre otras, que pueden variar de región en región, a lo que nosotros tontamente y casi siempre contestamos: ¡Naaaaadaaaaaa!

Cuando ya se lleva más tiempo, se pasa a una respuesta más sincera como: ¡Está como buena! ¿cierto? La verdad, se necesita una relación de mucha confianza para llegar a ese punto sin una mirada matadora o una bofetada, pero se llega al punto.

Estar con amigos empeora las cosas pues además de tener un referente masculino que refuerza las ganas de ver, también nos permite ampliar el campo de visión con comentarios como: "...Mira esa... ¡uuuuuyyyy!..." a lo que nosotros contestamos volteando y emitiendo un comentario similar, aún con las respectivas damas presentes.

Ustedes normalmente responden diciendo que somos muy guaches cuando nos juntamos con los amigos, lamento darles la razón, lo somos porque nos

¿Qué pensamos nosotros de ustedes?

sentimos seguros de que no nos regañarán en público y menos frente a nuestros amigos.

Para ustedes todo el género femenino es una competencia directa, nosotros somos un bien preciado aunque no lo reconozcan frente a nosotros nunca, pues como mujeres el orgullo va por delante, y como bien preciado debemos estar en sintonía, es decir, solo para ustedes en todo momento.

Para nosotros la regla es simple, nuestra mujer es nuestra mujer y si un hombre es lo suficientemente respetuoso y claro con sus sentimientos y objetivos cumplirá a cabalidad la regla del ver y no tocar, y espero chicas que si algún día lo encuentran, acepten eso como premisa, si estamos dedicados a ustedes, por lo menos nos ganamos el "ver y no tocar".

Múltiples pensamientos, divergencia segura

Nunca me cansaré de decir que no hay nada más peligroso en el mundo que una novia con mucho tiempo libre. Ustedes tienen una mente que es mucho más rápida que la de los hombres en lo que a conclusiones se refiere, científicamente está comprobado que sus hemisferios cerebrales contienen más conexiones entre sí que los nuestros.

Manual para amar a los hombres u "odiarlos"

Para nosotros es imposible buscar una dirección sin bajarle al radio del carro, o seguir dos conversaciones al tiempo, por eso las operadoras telefónicas o recepcionistas son mujeres hermosas y no hombres malhumorados. Esa es la razón del porqué los porteros son lentos, no por su profesión o bajo nivel de estudios, son lentos porque son hombres y su trabajo implica dedicación en múltiples tareas simultáneas.

Volviendo al tema una mujer con mucho tiempo libre une sus dos hemisferios en pro de una sola tarea: si está despechada se dedicara a confabular venganzas y teorías alocadas, si por el contrario tiene una pareja estable se dedicara a buscar la manera de desestabilizar lo que está bien.

De alguna manera comenzarán a encontrar motivos sin razón, el tiempo en sus cabezas comenzará a ser más corto y solicitan más atención, llegan las preguntas y las cuestiones una tras otra y de repente nace una película que es más grande que cualquiera creada en Hollywood.

Ustedes deben ser seres ocupados porque de lo contrario uno de los dos será muy infeliz, si es la mujer, tenderá a caer en frustración, si es el hombre, tenderá a caer en desesperación, pues se convierte en

¿Qué pensamos nosotros de ustedes?

un tema inmanejable, puesto que contra los inventos salidos de una mente femenina no hay cura.

Como dicen los motivadores comerciales "El cliente siempre tiene la razón", en nuestro caso, ustedes siempre van a tener la razon, asi no la tengan; para nosotros como ya lo mencioné, es más práctico evitar el conflicto que tener la razón.

Por otro lado, los múltiples pensamientos traen una riqueza inmensa a nuestros pensamientos sobre ustedes; para nosotros es una mina inagotable de nuevos descubrimientos, tratar de entenderlas, se convierte en un reto, aún sabiendo que nunca lo vamos a alcanzar.

Y es precisamente en esa divergencia, en donde nunca alcanzamos la certeza sobre lo que ustedes sienten hacia nosotros, en la que encontramos el verdadero amor.

Cuando creemos que descubrimos todo de alguien, comenzamos a buscar cosas nuevas en otras personas, sin darnos cuenta que esa mujer de la que pensamos que sabemos todo, aún tiene un mundo completo por descubrir y es tan vasto que nunca lograremos conocerlo por completo.

Manual para amar a los hombres u "odiarlos"

Capítulo 2

¿Qué creemos nosotros que ustedes piensan?

Matriarcado de nacimiento

El mundo, desde que existe la fotografía y el cine, muestra a las mujeres en una unión de género constante; normalmente la hija regresa y mantienen lazos fuertes con la madre y es una de las cosas a las que es difícil acostumbrarse cuando uno convive mucho tiempo con una mujer.

Las mujeres están genéticamente construidas para ser madres aunque lo nieguen y algunas se saquen las entrañas diciendo que no es así. No es una opción, ustedes son tiernas y maternales por naturaleza y eso es genético, ustedes son las que dan la vida en este mundo y eso no tiene vuelta de hoja.

Manual para amar a los hombres u "odiarlos"

A medida que crecen ustedes pasan por etapas distintas de pensamiento: cuando son niñas, la madre es el centro de atención; cuando son adolescentes, rechazan todo lo que llegue de ella y cuando ya son adultas, se retorna a la madre con la ternura infinita del aprender constante.

Para ustedes no es fácil darse cuenta, simplemente lo hacen por naturaleza y así ocurre en todas partes; como imanes tienden a juntarse en pequeñas comunidades: en la oficina, en el hogar o incluso en la calle cuando la causa lo amerita.

Lo más curioso y difícil de entender para un hombre, es que esas uniones incluyen en ellas, personas que incluso no son de su agrado y a la misma vez, se la pasan peleando y discutiendo entre ustedes mismas. Eso sí, que no resulte de tema un hombre que haya metido las pezuñas o hecho algún daño a una del grupo, que lo destrozan a punta de comentario de apoyo, a la que hace unos minutos era su enemiga.

Las cosas actualmente han cambiado un poco; ahora las madres no son como antes y las mujeres tienden a crecer sin el referente que significaba hace algunos años. La abnegación de nuestras madres y la devoción al esposo son especies extintas y surge una nueva mujer que tiene sus metas muy claras y sus objetivos en temas más alejados del corazón.

¿Qué creemos nosotros que ustedes piensan?

El matriarcado aún existe, pero indudablemente para ellas, este solo tiene una cabeza y es "ella", aunque a veces no lo noten, o simplemente no quieran hacerlo por conveniencia. Esos clanes de amigas suelen ser lo único que reconocen como entorno femenino, la traición siempre está a la mano y las mejores amigas suelen ser aquellas a las que menos ven pero las que más les entienden.

Un clan femenino, suele ser una reunión de antifaces, es una competencia oculta y suelen cambiar su aspecto, su forma de hablar y todo lo que en esencia son, para tratar de verse más que las demás, no todas aplican a este concepto, pues la edad tanto en el hombre como en la mujer va enseñando que lo más importante está en ellas mismas y no en lo que los otros piensen de ellas.

Cada entorno social es distinto; cosas que aquí son bien vistas como usar zapato bajito, en otras regiones, no está bien visto, es por esto que la mujer termina por descomplicarse en el mejor de los casos y es en ese momento cuando nosotros las vemos más bellas, cuando son realmente auténticas y van más allá de su entorno.

Manual para amar a los hombres u "odiarlos"

Independencia sí, pero con condiciones.

La imagen de la mujer independiente se comienza a visualizar solo en los tiempos actuales, después de muchas batallas y de muchas heroínas que recorren el mundo, ustedes se han ganado el espacio que merecen y ahora es donde las cosas ganan una trascendencia diferente.

El mundo está aprendiendo a interactuar con las nuevas líderes del planeta y nos estamos dando cuenta que ninguno de los dos géneros, no tiene idea qué hacer con el otro.

Tendemos a pensar como hombres que ustedes tienden a controlarlo todo y siendo sinceros tenemos razón en parte y no nos molesta del todo realmente. Existe una avidez de control, indudablemente que sí, pero el reto es mayor y pienso que la mujer actualmente trata de demostrar lo que vale y de lo que es capaz a como dé lugar.

Todo es cuestión de metodología, las mujeres suelen tomar las riendas midiendo el control en tiempo compartido, un concepto un poquito difícil de entender pero que aplica a la mayoría de las relaciones actuales -Mientras más tiempo pases tu con ella en sus planes, más contenta la tienes-.

¿Qué creemos nosotros que ustedes piensan?

Y ¿Qué es lo que pasa por la cabeza de una mujer mientras esto ocurre? ¡simple! ustedes están tranquilas al saber que no estamos haciendo algo dentro de sus planes.

En el mundo de los negocios o vida fuera de la pareja, el tema es más complejo, somos tan poco para ustedes en muchos sentidos que terminamos dándoles la razón, para la muestra un ejemplo simple: Supongamos que tenemos una compañía y que dos mujeres y un hombre aspiran a un cargo nuevo e inexistente, los tres cuentan con condiciones ideales y similares por el cargo pero les puedo asegurar que la referencia competitiva para las mujeres va a ser sin lugar a dudas la otra mujer.

Por alguna extraña razón el hombre pasa a un segundo plano cuando la competencia directa es una mujer, aunque los juzgamientos sean más superfluos en algunos casos, pasando al... ¡Que ropa tan fea!... ¡ay! pero esta como gorda!.... ¡que cara de grilla!...etc.

Pero... ¿de dónde viene este complejo comportamiento, en el que la mujer ignora al hombre y presta más atención a la mujer? A mi manera de ver, esto hay que dividirlo en dos. Los problemas hombre-mujer, en logros, se reduce a la barrera de la edad, en cuanto a los problemas mujer contra mujer podríamos llamarlo el "síndrome de la hermana mayor".

Manual para amar a los hombres u "odiarlos"

Luego, viene el tema del feminismo que se cruza de forma directa con la caballerosidad y nos trae la frase: Es que los caballeros ya no existen... Y yo les respondo: "Es que las mujeres débiles ya no existen y hace mucho que dejaron de existir; lo que hay ahora es un lindo juego de géneros que lo único que busca es conquistar".

¿Por qué un hombre de hoy le abre la puerta a una mujer de hoy?, ¿Por qué le corre la silla en la mesa?, ¿Por qué le presta la chaqueta cuando hace frío? o ¿Por qué le paga la cuenta en un restaurante? simple y llanamente porque la está cortejando.

Y eso a ustedes les encanta por que ronda en pro de sus objetivos actuales, ustedes quieren atención y más que atención quieren sentir y vivir el control, aunque lo nieguen a veces y aunque se llenen la boca diciéndole a su pareja que no es así. ¡Es así! con muy contadas excepciones en vía de extinción.

Ninguna mujer necesita de nadie a su lado, pero disfrutan el tenerlo.

Algunas mujeres pierden sus vidas sin darse cuenta de la anterior afirmación, simplemente dictaminadas por un ambiente cultural que no aplica a nuestra época o simplemente porque no se han dado cuenta que la

¿Qué creemos nosotros que ustedes piensan? felicidad solo se encuentra en nosotros mismos y no en otros, sea quien sea.

Siguen buscando igualdad de género a como dé lugar, pero solo toman de esa igualdad lo que les gusta, el resto les gustaría dejarlo de lado; en el viejo continente donde la mujer tiene el papel protagónico desde hace mucho más tiempo, está mal visto por parte de ellas que pagues la cuenta, de hecho lo ven como una falta de respeto.

Esto nos trae otro embrollo básico, entonces ¿Cómo carajos las tratamos? "Ni tanto que queme al santo ni tanto que no lo alumbre" y la respuesta se basa en un concepto esencial para el amor y la vida en general: "Debemos generar dudas".

Debemos minar la seguridad de que nos tiene bajo su control, de que las amamos locamente e incluso de que son las únicas en nuestras vidas. Espero no me malinterpreten en esto, no estoy motivando la infidelidad pero el amor requiere la sal de la duda, pues solo con la duda nace la creatividad y eso ustedes lo conocen muy bien.

De hecho cuando una mujer está en plan de conquista, entre ustedes se plantean asuntos como: "No lo llames"

Manual para amar a los hombres u "odiarlos"

La barrera de la edad

Desde que somos niños y hasta el final de los días, el desarrollo de ambos géneros se encuentra desfasado; ustedes suelen estar normalmente por delante de nosotros y la verdad, a nosotros solo se nos da la ventaja en algunos escasos momentos, pero a ciencia cierta no nos afecta, pues aprendimos a vivir así.

Las mujeres suelen desarrollarse más rápido y entender qué función cumple cada parte de sus hermosos cuerpos, mucho antes que nosotros sepamos que somos hombres y que ustedes son nuestro inevitable destino.

Mientras somos niños, es decir, entre los 2 y los 8 años, nos vemos de igual a igual; somos simplemente género neutro. Cuando entramos en conciencia de quienes somos, notamos como ustedes toman la ventaja de inmediato.

En la adolescencia, justo cuando sus cuerpos comienzan a cambiar, ustedes se nos adelantan siglos en el entendimiento del otro; para ustedes pasamos a ser unos niños así tengamos la misma edad y eso las lleva a construir ídolos imaginarios (por eso los afiches en las habitaciones), también las relaciones de amigas se hacen más fuertes y es donde nacen las primeras mejores amigas.

¿Qué creemos nosotros que ustedes piensan?

Un ejemplo claro de estos es una fiesta de quince: los hombres todos juntos en un lado, como unos idiotas y las mujeres a la espera, pero con conciencia absoluta de lo que quieren y desean; señales que nosotros no aprendemos a entender hasta más entrados en años.

Luego somos adultos y las cosas aun en este estado no mejoran para nosotros, básicamente somos los mismos adolescentes de siempre y ustedes ya son todas una mujeres; en esta etapa ustedes suelen conseguir novios mayores pues los de la misma edad no les dan la talla, ni a nivel intelectual ni a nivel hormonal.

Ustedes luego, tienen una etapa curiosa, influenciada por el dinero indudablemente y es cuando consiguen su primer trabajo, esto genera una señal de independencia y a no ser que estén muy enamoradas significa un gran revolcón en la vida.

Grave problema, si la persona que las acompaña llega a ganar menos que ustedes, problema común que suelen achacarle al hombre, pero que es una viva muestra de lo que es la conveniencia femenina: la igualdad de género enmascarada en feminismo.

Es muy difícil encontrar una pareja en la cual la mujer gane más que el hombre y además el hombre tenga la misma libertad, suena muy machista pero en el 90%

Manual para amar a los hombres u "odiarlos"

estas relaciones no funcionan y no es culpa de ninguno de los dos, pero indudablemente la mujer sin querer, siempre tiene sus objetivos mucho más altos.

Para una mujer con poder económico un hombre suele convertirse en una carga y el amor se convierte en el único pegamento capaz de mantener la relación, pero como ese pegamento requiere mantenimiento continuo normalmente la relación tiende a desgastarse, la mujer se cansa de estar empujando constantemente a un hombre que no alcanza sus (los de ella) ideales.

Todo bajo control

Para nosotros es uno de los temas más difíciles de entender y nos toma mucho tiempo llegar a la conclusión que las mujeres indudablemente lo único que buscan es tener todo bajo control, es algo que también ellas no notan pero que a medida que el tiempo pasa se hace más y más evidente.

El género se reconoce por la búsqueda constante de estabilidad pero son a su vez el mayor generador de inestabilidad. La humanidad ha pagado el precio y creo que las religiones extremistas tienen su cuota de razón al alejar a la mujer de la mayoría de ellas, esto es extremadamente machista pero es una realidad de nuestro mundo cambiante a todo momento, que

¿Qué creemos nosotros que ustedes piensan? evidentemente está equivocado desde hace muchos siglos y así espero que lo demuestre el género femenino.

Hoy las mujeres cuentan con todas las herramientas necesarias para lograr lo que quieren, de paso, estas herramientas están convirtiéndose en uno de los retos más grandes que tenemos nosotros lo hombres por múltiples razones: no pensamos igual, no nos adaptamos igual, no tenemos las mismas metas aunque lo parezca y la más importante de todas, es que nuestras prioridades siempre van a ser diferentes.

Bajo esta premisa el mundo se ha ido adaptando a una nueva forma de vida, lo que antes era normal ahora se ve mal; como el fumar en un sitio público o conducir con tragos. Por alguna razón la humanidad se está convirtiendo en una mezcla de autocensura y autocontrol, dos características que rodean constantemente al género femenino.

Esto nuevamente nos trae a la imposibilidad de nuestro género de estar a la altura del de ustedes, somos extremadamentes distintos, no en esencias sino en deseos, y es eso precisamente lo que hace que nuestros objetivos sean motivados o destruidos por ustedes sin piedad para nosotros o para el resto de la humanidad.

Manual para amar a los hombres u "odiarlos"

Como generadoras de inestabilidad siempre han tenido un espacio en la historia como lo demuestran estas célebres parejas: Hitler y Eva Braun, Napoleón y Josefina, París de Troya y Helena de Esparta, Tupac Amaru y Micaela Bastidas, William Wallace y Marion Braidfute; entre otras muchas, que fueron la inspiración de sus hombres para el comienzo de inmensas guerras, pero que a mi manera de ver solo solo fueron mujeres con inmensos deseos de poder detrás de hombres con inmenso amor hacia ellas.

Como siempre, esto le cambió la cara al mundo y lo seguirá haciendo con los años venideros, las mujeres siempre querrán controlar todo y buscarán la manera de hacerlo, todas tienen sus métodos y sus formas; algunas lo logran y otras no, pero siempre es un deseo presente.

Las personalidades femeninas son tan variadas como las tallas; existen de todo tipo y para todo gusto, pero por más que cambien en su exterior, el interior femenino conserva una esencia que podría decirse que va en los genes. Indudablemente la historia tiene mucho que ver en esto y muchos más la que estamos describiendo en este momento en donde la influencia de la mujer es uno de los protagonistas principales.

Regresando a nuestro eje principal, las mujeres que nos rodean tiene siempre la necesidad de control, no

¿Qué creemos nosotros que ustedes piensan?

todas lo demuestran de forma directa, no todas lo logran porque su personalidad o su ambiente no se los permite, no todas alcanzan su máximo potencial pero normalmente aquellas que lo logran no tienen pareja.

Esto se debe a que los hombre que quieran ser controlados o que vivan cómodos pretendiendo serlo no son muchos, yo considero que el hombre que tiene una mujer a su lado con la capacidad de empujar, debe ser canalizada y aprovechada en beneficio de los dos, no es bueno ser aplastado ni aplastar las convicciones y deseos del otro aun cuando las relaciones fundamenten su juego de poder en estos dos paradigmas ¿Quién domina a quién?

Y las cosas, por más que quiera alguno de los dos, no se queda solo en el dominio, todo esto trasciende a fin de cuentas, hacia el control; el género femenino suele estar muy feliz con la sensación de tener todo medido, ajustado y a su modo.

Quieren controlar su tiempo, su familia, su trabajo, su cuerpo, sus sensaciones y hasta sus sentimientos; algo que evidentemente no es posible como lo demuestran cada 28 días. Y eso no es malo, simplemente la vida se está encargando de enseñarles cada mes que es mejor no controlar tanto y vivir más.

Manual para amar a los hombres u "odiarlos"

Lo más curioso del comportamiento femenino, en este sentido, es que las dudas como tal son una constante en sus vidas, las afecta por oleadas y ponen a prueba su capacidad de control que tanto ansían tener, se convierte entonces en parte de su proceso de madurez, es algo que deben aprender a controlar y a llevar. Nosotros no somos ajenos a ese comportamiento pero nuestra diferencia es que observamos y reaccionamos a una cosa a la vez, algo que para ustedes en la mayoría de los casos no es posible.

Aprenden poco a poco a entender que la vida lleva su ritmo y que la mayoría de las veces ese ritmo no coincide con el que ellas desean, cuando ustedes se encuentran en esa posición, es tal vez en el único momento donde la mujer es vulnerable, pues las dudas suelen tener en ustedes el mismo efecto que el licor. Afortunado el hombre que sepa leer las señales, pues es en ese preciso instante, donde encontrará la verdadera mujer que las apariencias esconden.

Miradas perdidas, pensamientos acelerados, temas infinitos que recorren sus cabezas sin poderlos detener, energía, al fin y al cabo enfocada a algo que no es enteramente productivo para ustedes o para quienes las rodean. Tanta energía tenderá a salir en algún momento y tal como en la tierra. El volcán suelen avisar antes de explotar.

¿Qué creemos nosotros que ustedes piensan?

Pero si tu no me dijiste nada

Esta frase es un aviso sutil de lo que se avecina y es la mayor causante de peleas entre parejas en el mundo, es el detonante más frecuente que cualquier otro motivo conocido; y por eso debo sacar la cara por nuestro género masculino (Si vas a pelear con tu pareja y alguna vez lees esto, trata de recordar lo que voy a contarte a continuación).

No es que nosotros seamos distraídos, no es que se nos olviden lo detalles como lo mencionaba anteriormente; nosotros siempre vamos por el premio mayor y luego de que lo obtenemos entramos a nuestra zona de confort. No es que ya no las amemos o que ya no estemos interesados en ustedes; no es que las cosas cambien de la noche a la mañana, todo se traduce a que simplemente no hablamos el mismo idioma a nivel emocional; las cosas verdaderamente importantes para ustedes trascienden según la prioridad del momento; las cosas verdaderamente importantes para nosotros suelen tener una duración más larga. Cuando una mujer desea algo relacionado con su pareja lo quiere aquí y ahora.

El género femenino en elecciones del corazón, no suele esperar y eso nubla su capacidad de medir las consecuencias y de visualizar más claro el camino. No me estoy refiriendo al proceso de enamoramiento

Manual para amar a los hombres u "odiarlos"

sino más bien a cosas tan simples como visitar a tu familia, ir de compras para verte linda o que noten que cambiaste tu peinado.

Como las prioridades en ustedes son cambiantes según las circunstancias y la carga hormonal, es claro esperar que el rasero con el que miden la capacidad del hombre para notar ese lenguaje también cambie. Para nosotros, es cuestión de mucho tiempo conocer y medir cómo son sus micro reacciones en torno a todo, y lo que es peor aún, cuando logramos hacerlo ustedes lo odian.

Preguntas como: ¿Y ahora qué te pasa? ¿Por qué estás así? ¿Dije algo malo? suelen generar explosiones de proporción inimaginable en una fémina con motivos. Es este lenguaje silencioso, el que tal vez hace que un hombre sea mejor o peor conquistando a una mujer e indudablemente, Ray Charles dominaba, pues al ser ciego tomaba la mano de sus chicas y sentía su pulso para saber de primera mano cómo hervía la sangre y aumentaba el pulso de la mujer que él deseaba.

Un truco astuto sin duda; lastimosamente a nosotros nos toca conformarnos con la lectura en frío de sus gestos, voz y actitud. Y para colmo de males ustedes parecen entrenadas para ocultar todo esto a su máxima expresión, pues una vez que se sienten

¿Qué creemos nosotros que ustedes piensan?

ofendidas es toda una labor titánica retornarlo todo a la normalidad.

Indudablemente, todos los hombres hemos pasado por estas etapas en la relación y notamos cómo las mujeres requieren atención constante, no por necesidad (Nadie necesita atención para vivir), sino por placer; es parte de sus herramientas de control y es tal vez el primer peldaño del podio de la importancia creado por ustedes.

Nosotros como siempre estamos un paso atrás y nos las tenemos que arreglar para conocer cada uno de sus cambios y peor aún, aprender a atenderlos en el momento adecuado, pues para toda una dama, una vez ella te diga su necesidad, de nada sirve atenderla. Para ellas se convierte en algo que no es auténtico --*Es que tu nunca me traes flores*-- si al otro dia apareces con ellas la respuesta será algo así --*Es que si no te digo no las traes* --

Cabe recordar que existen cuatro estados obvios en los que las mujeres suelen ser en extremo peligrosas: cuando tienen sueño, cuando tienen hambre, cuando tienen su mente altamente activa en soledad y cuando están dolidas por algún motivo.

De la misma forma, nosotros también manejamos nuestras señales pero éstas suelen ser más obvias,

Manual para amar a los hombres u "odiarlos"

tanto así, que para ustedes es frustrante buscar un regalo para un hombre, pues nosotros solemos ser directos en nuestros deseos y objetivos. Esto indudablemente elimina el factor sorpresa y eso es algo que ustedes adoran sentir.

Estas herramientas que forjan la relación y que se van ganando con el tiempo, nos permiten ir creando un mapa de una persona, que creemos conocer pero de la cual tenemos la certeza, no conocemos ni un ápice, aún cuando llevamos compartiendo la vida con ella varios años.

El misterio constante es otra de las herramientas de control, para ustedes dejar que la cosas sean descubiertas en vez de ser obvias como nosotros hace que los detalles y las acciones tengan sentido, aun si aquellos motivos y detalles sean de la menor importancia.

Este texto ya va sonando a curso prematrimonial, quiero dejar claro que no lo es, simplemente desde nuestro punto de vista, el pensamiento de la mujer es un tema nublado y misterioso, no son fáciles de descifrar, simplemente porque así lo desean ustedes, aunque su otro yo quiera y desee profundamente que nosotros sigamos las migas de pan hacia ese misterioso laberinto.

¿Qué creemos nosotros que ustedes piensan?

Si la definición de romanticismo femenino fuera científica nos podríamos encontrar algo como: *Dícese de la búsqueda constante de un imposible inalcanzable, por parte del género opuesto con el uso inesperado de detalles constantes, nunca antes mencionados por el individuo en cuestión.* Suena complejo ¿no?, ¡Pues es porque lo es!

Todo al fin y al cabo, se resume en la eterna espera, a ustedes les encanta esperar algo de todos, especialmente de tu pareja que al parecer está obligada a entregar más y más cada vez, grave situación cuando la vida nos enseña a ser egoístas y a darnos cuenta que la espera constante no es la mejor de las situaciones. Nadie puede dar todo, todo el tiempo y nadie puede esperar todo, todo el tiempo, no es sano para ninguno de los dos; nuevamente la relación se pone en una balanza y hay que sacrificar un poco para hacer de ambos una vida más feliz -- Este consejo es gratis --

Es que antes ...

Otras tres lindas palabras que representan el inicio de una discusión. Comparar es parte de la vida cotidiana del género, no es sino ver un grupo de mujeres en una oficina acabando con cualquiera que se les atraviese en el camino, dando de qué hablar o mostrando la cara oculta de la amabilidad mientras sus pensamientos

Manual para amar a los hombres u "odiarlos"

destrozan a la otra mujer por su forma de vestir, de hablar o de coquetear con los hombres.

Cuando nuestra pareja en cualquier momento menciona esas afamadas tres palabras, puedo asegurarles que a la mayoría de los hombres nos recorre una sensación fría por la espalda, pues aunque ustedes no lo crean las ideas son limitadas y aunque no queramos que ocurra, lo más probable es que sea cual sea la idea, termine por convertirse en monotonía.

Imaginemos el caso del cuento de hadas con su príncipe azul: imaginen que ésta es su pareja, el hombre ideal, cuerpo ideal, comportamiento ideal, trabajo ideal, hasta familia ideal. Todo lo que alguna vez desearon, en un envase de carne perfectamente acoplado a sus necesidades.

Seguramente en un inicio sería una relación ideal, estarás satisfecha a todos los niveles, te sentirás llena de vida y enamorada a más no poder, tu estómago vibraría como nunca, pero siempre hay algo malo, así todo sea bueno, termina por ceder en algún punto.

Ninguna mujer querría que le regalaran flores todos los días o¿Si? Aquí todas dicen: --claaarooooo que sí-- pero pongámonos serios, es obvio que todo en exceso agobia, incluso una relación sin cambios en el tiempo,

¿Qué creemos nosotros que ustedes piensan?

por perfecta que sea termina por cansar, el ser humano es cambiante, ustedes lo son más que cualquiera y solo ese detalle hace todo momento con ustedes aún más enriquecedor.

Lo más curioso es que nuestros cambios son diferentes y tal vez así deban ser siempre, esa tal vez, sea la explicación de por qué a las mujeres les gustan los hombres "malos", ya que los buenos somos demasiado predecibles, y es por esto que a los hombres malos se les celebra; cualquier detalle es un motivo de celebración, una sorpresa en sí, en el mundo de los hombres "buenos", la falta de detalles después del tiempo, se hace notar y por increíble que parezca, genera reacciones más fuertes.

A la final terminamos como siempre, pensando que el error es causa nuestra, aunque nos hacemos sentir un poquito. Depende entonces de la personalidad de la mujer tomar una actitud dominante y aprovecharse de la situación o simplemente seguir adelante dejándonos creer que ganamos.

En este tipo de situaciones caemos en lo mismo, tratamos de entenderlas a como dé lugar y ustedes tratan de ocultar sus verdaderos sentimientos por miedo a no ser vulnerables al sexo opuesto. Los reclamos llegan de un momento a otro, cuando la falta de algo que las hacía felices se hace sentir.

Manual para amar a los hombres u "odiarlos"

El problema principal del pensamiento femenino dentro de una relación de algún tiempo, es asumir por hecho lo que no es un hecho, la mayoría de ustedes suelen esperar que las entiendan sin explicarse, por el simple hecho de que "él ya te conoce" y esa precisamente, es la afirmación más errónea que puede tener cualquiera de los dos.

Nunca se alcanza a conocer a nadie completamente, debemos vivir con lo que tenemos bueno o malo, los dos deben ceder en algún punto. Como es de esperar, en algún momento de su historia, juntos encontrarán puntos en los que ceder no es tan simple y esa persona a la que creías conocer tan bien, deja de existir durante un tiempo, se debe aceptar entonces que no se conoce lo suficiente a alguien y adaptarse de alguna manera a este nuevo ser que está a nuestro lado.

Es increíble, pero hasta esto sufre de ciclos naturales y cada pareja tiene los suyos, por estadística -- suena a televentas -- los ciclos suelen ser múltiplos de 3: a los 3 meses de novios la primera pelea, si pasas de los nueve meses ya son más que oficiales y si no terminan después de 3 años, entonces probablemente sea la persona de tu vida, si es que llegan a casarse antes de 6 o 12 de años de noviazgo, aunque conozco algunos que llegaron a los 24 años y aún son felices.

¿Qué creemos nosotros que ustedes piensan?

Seamos realistas, no es solo uno el que cambia, son los dos de forma lenta y continua, estamos mutando nuestras relaciones hasta que desaparece, inclusive el último vestigio del pasado, como dice un cantante: "Lo que antes amabas de mi, ahora es lo que nos separa".

Sumado a esto, está el tan mencionado tema que se repite en todo este libro: ustedes son insaciables, así que si tienen el tan deseado payaso ninja (hombre que las pueda defender y que sea divertido), en algún momento se van a cansar de alguno de los dos; ya sea del payaso o del ninja, y es cuando sale a relucir la frase ... Es que antes me traías flores, es que antes me cantabas, es que antes me abrias la puerta del carro, es que antes ... ¡en fin!

¿Qué pasaría en nuestras vidas si los hombres no fuéramos dejados y las mujeres no fueran exigentes?
Creo que ese es el miedo de la iglesia, dejar salir a la mujer del hogar se ha catalogado como uno de los peores errores realizados por la humanidad, a mi manera de ver es una de las mejores cosas que pudo pasar, ahora hay más mujeres en la calle y eso la hace más hermosa, tenemos más cosas para hacer, el trabajo se reparte entre todos y la responsabilidad también.

Manual para amar a los hombres u "odiarlos"

Seguimos creciendo como sociedad sin dejar de lado los intereses femeninos que gracias a Disney están más arraigados como una necesidad cultural que otra cosa, las mujeres que se quieren casar, pasarán a estar en vías de extinción como lo están los hombres en estos tiempos, y en algún momento de nuestra generación los matrimonios se celebrarán más por conveniencia que por amor, ya que como es claro, para muchos de nosotros el amor es la base fundamental y el matrimonio es solo una fiesta.

***

Capítulo 3

En el camino del deseo

Lo oculto

Definitivamente, es lo que más nos atrae, lo que las emociona y tácitamente lo que nos separa al final. Es lo oculto, uno de los ganchos más importantes que nos atrae a una mujer; ese querer saber más, querer ver más y querer sentir más mientras las descubrimos en el camino. Se convierte sin querer en el mejor combustible del deseo; es la gasolina que enciende las pequeñas mariposas en el estómago, que explotan al contacto del roce de una mano, de una mejilla en un beso de despedida.

Para ustedes tampoco es indiferente esta sensación, les gusta no saber qué hacemos, les encantan los hombres misteriosos aunque se mueren de ganas por

Manual para amar a los hombres u "odiarlos"

descubrir nuestros secretos para después cambiarnos; y normalmente eso es lo que impulsa las reacciones hormonales y eleva la precisión del olfato, por esto y por otros motivos que tal vez veamos más adelante, es que "*a las niñas lindas les gustan los chicos malos...*" aunque a la final terminan con el chico bueno, medio bueno, o el que más les conviene

Lo oculto, además de atraernos termina definiendo la mayoría de los finales, porque siempre comenzamos ocultando lo feo mientras el otro lo descubre; cuando nos conocemos tan bien, como para aceptarnos como somos, tomamos decisiones profundas; damos pasos enormes y después de que estamos con esa persona que pensamos y hasta sentimos que es la correcta, terminamos nuevamente ocultando cosas para bien o para mal. Siempre se termina diciendo mentiras piadosas y otras que no lo son tanto por el bien de la relación, por el evitar el conflicto o simplemente por evadir un tema que sabemos que no llegará a algún lado, temas que a la larga deterioran la relación si estos nuevos secretos no encuentran salida en algún momento.

Las mujeres son curiosas como un gato y los hombres son tranquilos como un perro, es un estado natural; a nosotros no nos gusta el conflicto y si lo podemos

En el camino del deseo

evitar lo hacemos. A ustedes les encantan los misterios y desde pequeñas están entrenadas en la capacidad de sacar verdades con mentiras y en indagar más y más hasta saciar --si es que esa palabra cabe en el diccionario de una mujer-- ese instinto que les dice que hay algo más oculto.

En definitiva estamos regidos por lo oculto, esto define lo que queremos saber del otro y es el secreto de lo oculto lo que nos permite tener esa "salecita" de la vida, la que complementa la seguridad y le da ese sabor a riesgo que tanto nos gusta, sostiene los celos que se basan en la inseguridad de lo certero y garantiza que cada día en la vida tenemos algo diferente.

En conclusión, el deseo está basado en lo oculto, y cuando de deseo femenino se trata la impaciencia y las inseguridades salen a relucir en muchas de ustedes, pues así lo nieguen, las mujeres tienen fama de querer las cosas para hoy mismo. El deseo femenino en cualquier sentido siempre termina en una de dos consecuencias: se cumple o las frustra a la larga, y la mayoría de las veces se cumple, pero camino a cumplirse termina por frustrarlas.

Manual para amar a los hombres u "odiarlos"

Los platos rotos terminamos pagándolos todos, -- creíste que en esta frase diría que nosotros los hombres sufrimos las consecuencias, pero no -- aquí llevamos todos del bulto, pues sufrimos a destiempo y de formas desiguales; así mismo deseamos, queremos y amamos a destiempo y de formas desiguales, somos tan distintos como nuestras personalidades y nuestros cuerpos, y lo oculto es tal vez lo que más no diferencia.

Lo evidente

Horas detrás de un espejo, millones de pesos gastados en maquillaje, cremas y demás artilugios de belleza, nuestro rostro y cuerpo como herramienta de mercadeo solo dejan algo claro, queremos que lo que se vea, sea más que lo que somos.

La competencia es ardua en todos los niveles, en el lado femenino mucho más complicado, pues evidentemente las faldas no pueden ser más cortas, las blusas más escotadas, las piernas más torneadas, los tacones más altos y los senos más grandes. Competencia dura sin duda, pero al subir el estándar y al verlas a todas uniformadas, lo evidente pasa a ser algo más allá de la "belleza" evidente.

En el camino del deseo

Aunque a nosotros nos gusta verlas con todo el decorado, también nos encanta ver qué más tenemos por conocer, comenzamos con lo evidente: como el tono de la voz, la inclinación al hablar y los ademanes que enamoran.

Para ustedes todo resulta ser más básico, aunque nuestra competencia también está en aumento; si no me creen, algún día cuando tengan tiempo, pasen por uno de los gimnasios de la ciudad a eso de las 10:30 am, notaran la cantidad de hombres con ingresos que aún no sé de donde llegan, haciéndose más y más sexis para ustedes. Por cierto, no sé qué les dan a los hombres de ahora, no se les cae el cabello y miden 10 o 20 cm más del promedio -- ¡dura competencia!

Por suerte para nosotros, las mujeres después de cierta etapa de la vida pasan de querer al más guapo y peligroso, para enamorarse de aquel que les conviene, por lo menos a lo que sentimentalmente se refiere.

Lo evidente detrás de todos nosotros, son las ganas inmensas de saber más y como lo he mencionado durante todo este escrito, esas ganas se basan en dos partes fundamentales, ustedes románticas, las pueden llamar: corazón y razón; para nosotros se traduce en tiempo, te quiero para un rato y verte los pocos

Manual para amar a los hombres u "odiarlos"

milímetros que ese vestido dejan en la privacidad, o te quiero para ver qué más esconde tu personalidad y por qué no, sacarte una sonrisa y darme el placer de hacerte reir de vez en cuando por mucho, mucho tiempo.

Cuando lo evidente no está relacionado con la conquista, nuestro nivel de percepción cambia hacia otras prioridades, somos seres despiadados cuando de nuestras cosas se trata, nos volvemos celosos y posesivos cuando aquello que nos regaló tantos momentos especiales comienza a fijarse en la tan odiada competencia, con sentido o sin él, pasamos a otro estado y esto hace evidente que ustedes son más para nosotros que lo que ustedes pensarán.

A todas las mujeres, les hace falta un poco de celitos de vez en cuando; les gusta sentirse amadas y queridas y tal vez, el camino más corto es el de los celos, por esta razón, cuando ustedes quieren vengarse de un hombre, lo primero que buscan es un títere que juegue al papel de la competencia -- alguna vez jugué ese papel y la verdad, es bastante divertido--

En nuestro caso, el tema funciona un poco distinto; a nosotros nos gustan las cosas más obvias, por eso nos ven como unos tontos a la hora de la conquista, es algo

En el camino del deseo

que deben comprender. El manual del hombre seductor, no está completo hasta no convivir con ustedes (novias, amigas, esposas, etc.), por lo menos unos 15 años, por eso es natural que los mejores conquistando, ronden entre los 30 y los 40 años de edad. --tip gratis--.

Saber el momento exacto cuándo besar, saber cuándo tomar una mano y leer las pequeñas señales que son evidentes en una mujer con ganas de más, no llegan sino con algunos años de experiencia. La inclinación es evidente, la respiración tiene un ritmo, la mirada tiene una profundidad específica, las preguntas y el tono de la voz un significado, la boca y sus movimientos unos signos, el tacto una ruta y las sonrisas un cierre fantástico a todo este círculo de lo evidente a los ojos de quien lo busca. -- Ray Charles, a pesar de ser ciego, tenía la capacidad de sentir el pulso de las mujeres a las que quería conquistar, algo que muchos de nosotros nos gustaría saber aplicar en algún momento sin lugar a dudas --

No todos están en esta capacidad o tienen esta paciencia, no todos actuamos igual y no a todos nos gusta tomar ese camino, pero es evidente que éste es uno de los temas que más tela por cortar tiene en nuestra vida diaria de hombres y mujeres, el mejor

Manual para amar a los hombres u "odiarlos"

afrodisíaco que puedes entregarle a una mujer es indudablemente saberla leer.

Lo deseado

Saber qué es lo que se quiere cuando se presenta de forma tan seductora, es un tema complejo; las mujeres después de vivir un tiempo con un hombre suelen quejarse que nosotros vamos al grano a la hora de querer intimar con ustedes. Es cierto, esas partes de su empaque son nuestro principal foco de deseo cuando del cuerpo se trata.

Nos gusta lo que muestras y nos gusta más aún lo que no muestran, en ocasiones --otro tip gratis-- es más seductor una mirada con una sonrisa, que unos tacones con un escote, esto no quiere decir, que si estas en busca de un hombre, debas actuar como una bailarina sonriendo y mirando seductoramente a todo el mundo, como lo menciono en las líneas pasadas, no todos los hombres están en capacidad de leer pequeñas señales, simplemente porque no lo saben o no les interesa.

Deseamos el exterior anhelando conocer el interior, nos gusta mucho lo de afuera y nos encanta participar en el concurso de sus deseos para tener paso al interior maravilloso de cada una de ustedes, nunca se nos muestran en su totalidad y les encanta dejar pequeños secretos para ustedes.

Nuestra mente es básica y estúpida cuando de tratar a las mujeres se trata, no somos hábiles en nuestros primeros años y eso las hace ir un poco más arriba en la edad de los hombres que buscan; ojo, no todo hombre de 30 años es el mejor candidato, de hecho hay más hombres inestables de 30 que de 20.

Si unimos lo oculto y lo evidente, vamos a tener una imagen de ustedes idealista ¡justo lo que ustedes querían! terminamos picando el anzuelo y nos tienen como sus fieles seguidores, por el tiempo en que lo oculto permanezca generando curiosidad y lo evidente no se convierta en monotonía.

Por parte de ustedes, les encanta saber algunas cosas de nosotros que no van al caso, para ustedes es más importante saber si estamos o tenemos una relacion estable o no, o si por el contrario, vivimos solos o en casa de nuestros padres; todos son factores de medida para saber si estamos en posibilidades de cubrir sus necesidades no económicas y no me malinterpreten, solo las emocionales que no están nada ligadas con las económicas; aunque un ramo de flores, unos

Manual para amar a los hombres u "odiarlos"

chocolates, una salida a cine, una cena, una serenata y un osito de peluche tienden a inflar cualquier presupuesto personal. -- apuesto que si Christian Grey fuera pobre creo que "Ana" no estaría tan complacida en la trilogía ... menos aún, Christian --

No quiero decir con esto que ustedes sean materialistas, digamos que es una simple consecuencia de una tradición que indica que el hombre debe tener los medios suficientes para cumplir ciertas expectativas y por qué no, ya que no usamos escotes o faldas, nos toca inflar la billetera.
-- no aplica a todas las culturas, para algunas mujeres europeas esto es una falta de respeto --.

Todo, por aquello tan deseado, los límites en ustedes estan un poco difusos y cada mujer tiene sus propios límites, digamos que la liberación femenina no ha llegado al punto en el que las mujeres se lancen y compitan de forma directa por un hombre, a ustedes como en las novelas les gusta más la traición, el engaño y la estrategia a la hora de competir.

En definitiva nuestro deseo se basa en lo corporal mientras que el de ustedes se fundamenta en lo sentimental; nosotros buscamos una buena compañía por un tiempo corto, mientras que ustedes suelen

En el camino del deseo

buscar a un hombre para toda la vida; concepto que va cambiando con el tiempo, ya es más fácil encontrar mujeres que tienen su propia vida independiente de lo que dicta la cultura ¡bravo por eso!

Teniendo esto bajo concepto, nos deseamos mutuamente de formas distintas, concluimos en que tenemos secretos de lado y lado, y que nos vendemos de formas distintas; en algún punto nos damos cuenta que nos metimos en un gran embrollo, eso nos gusta y continuamos el juego; hasta todos nuestros amigos y familiares, son invitados a una gran fiesta en nuestro honor, dejándonos como único camino seguir descubriéndonos mientras todo cambia en nosotros.

Siempre vamos a terminar deseando más de lo que tenemos y creo que ningún género se escapa de eso, una vez que ustedes nos conocen, las cosas tienden a cambiar y una vez que nos acostumbramos uno al otro no queda más que diversificar en actividades para tratar de encontrar algo nuevo.

Me encanta que el deseo se mantenga, pero no es una labor fácil entre dos personas que conviven permanentemente, el deseo es en esencia cuestión de deseo, en sí, debemos desear ser más para poder que llegue el deseo por algo más.

Manual para amar a los hombres u "odiarlos"

Este camino, aunque arduo de recorrer por parte y parte, tiene atajos que la gente suele tomar por conveniencia, por eso algunas culturas realizaban los matrimonios de esa manera, pues no hay nada más conveniente que una pareja adecuada elegida por otro, así, eliminar de raíz la carga moral de haber realizado una mala elección. Algunas parejas que conozco funcionan bajo la misma premisa, todo es un negocio y el deseo más que corporal o sentimental, termina siendo material al 100%; algunos de estos estereotipos tienen la fortuna de terminar enamorados, otros por el contrario, sufren por la elección realizada por el dinero.

A la larga, el dinero es un potenciador del deseo, funciona como la cerilla que enciende el combustible y en algunas ocasiones como el combustible en sí, lastimosamente nuestra cultura tiene el signo pesos por delante y cada vez hay más personas que lo anteponen a cualquier elección de las hormonas o del corazón.

Sin embargo, y a pesar de todo lo que ocurre en nuestro alrededor el deseo en su esencia pura es una de las cosas más deliciosas que nos puede ocurrir, sentirse deseado y desear es un placer en extremo. Complacer para cumplir un deseo es el reto de quién

En el camino del deseo

desea, quien es deseado tendrá la satisfacción de disfrutar un altar de placeres invaluable, todo confluye y solo una mirada, un contacto o un suspiro, le da sentido a esta esencia propia de cada ser.

Como lo dirían ustedes, es delicioso sentirse deseada, para los hombres, aunque difícil de comprender al principio, no hay mejor sensacion que el sentirse deseado, por eso nos encantan las caras de ustedes cuando alcanzan un orgasmo; cara que nos demuestra el deseo si tiene retribuciones, aun cuando llegar a él no sea fácil.

Lo presente

Nunca existe la certeza de que esa persona tan deseada te acompañe por siempre, es un mundo de competencias extremas y enamorarse podría clasificar fácilmente como un deporte RedBull, por eso este capitulo se llama el camino del deseo, pues se recorre constantemente, no una meta que se logra y una vez alcanzada se pasa a la siguiente.

El temor de no estar seguro, la inseguridad de no estar listo, la certeza de que algo malo puede pasar siempre y la claridad de que aun no siendo la más hermosa, él

Manual para amar a los hombres u "odiarlos"

te eligió a tí para pasar este ratito; debería ser una de las premisas dentro del manual del amor y el deseo.

No somos seres estables, nuestro estado natural es el cambio y nos es extremadamente difícil lidiar con este tipo de situaciones en las que nuestra pareja nos considera como un premio absoluto y su esfuerzo va decayendo con el tiempo, en el caso de ustedes siempre se espera más y nunca es suficiente (esto va en el siguiente capitulo asi que no desesperes).

Es indudable, que cuando se tiene algo seguro, la necesidad de mantenerlo se ve reducida al mínimo por el simple hecho de darlo por sentado. Cuando algo está presente por un largo periodo de tiempo se convierte en costumbre y es cuando la falta de imaginación comienza a hacer mella.

Maravilloso es tener a una persona al lado con la que puedas compartir todo, es increíble contar con alguien que te entiende en la mayoría de las situaciones y que logre sacar de ti las tan anheladas sonrisas, un ser que vibre a tu ritmo y logre hacer de la vida un ratico más amable, lastimosamente nos acostumbramos a eso, tanto hombres como mujeres; a la final terminamos comportándonos como hermanitos más que como amantes o enamorados; es algo que se puede combatir

En el camino del deseo

pero que no se puede sacar por completo de nuestro destino. Debemos aprender a valorar lo que tenemos sin compararlo con lo superfluo que nos ronda día a día, debemos alcanzar la madurez suficiente para afrontar el reto y encontrar la creatividad suficiente para que esa persona, presente en nuestras vidas, no pierda el deseo de seguir acompañándonos; eso y un toque de paciencia, es el eje central de una buena relación, cualquiera que esta sea.

Vivimos el deseo normalmente como algo futuro, algo que está por llegar, esperamos con ansias, pero en realidad, nuestra vida gira en el presente, en este espacio y tiempo donde debemos actuar; ser consecuente con tus deseos y con los de la otra persona, es la mejor forma de hacer que el deseo comience o crezca. Si lo vemos desde nuestra perspectiva, no hay nada mejor que desear a alguien con ganas pero teniendo los pies sobre la tierra, considerando que esas mariposas en el estómago, son más una reacción al miedo y la incertidumbre del "...sí será...", sensación indescriptible, que todos hemos sentido alguna vez; no encuentro palabras en español para describir esa sensación única, pero el idioma inglés tiene una palabra maravillosa, que creo que es la que más se acerca a ese visceral sentimiento de sentirse deseado por otro y esa palabra es *joy*, su traducción reúne en una, todas las que en el español no alcanzan a describir lo grande que es esto.

Así que, manos a la obra, el camino del deseo no es más que buscar en el otro lo que nosotros queremos que el sienta, obteniendo como recompensa convertirnos en seres deseados, disfrutar cada momento del presente y valorar cada curva de la vida o de la personalidad de aquel que nos acompaña en este corto y efímero momento llamado presente.

Receta para la infidelidad

El deseo no siempre suele estar enmarcado en una relación que está por llegar o en una relación ya conformada. En algunas ocasiones, alguno de los dos está en un búsqueda diferente, como un medio de escape o como una forma de encontrar algo que le hace falta en su relación. Desde el punto de vista femenino las infidelidades tienen un alto componente de corazón, a través del cual se llega a la pasión. Cuando una mujer es infiel, a no ser que sea algo patológico, siempre se tendrán falencias en la relación a nivel amoroso. Llegar hasta ese punto a nivel femenino no es fácil. Siempre existe una larga historia de decepciones y falencias que empujan a ese tipo de situaciones.

En el camino del deseo

En nuestro caso, al ser seres más básicos e instintivos, en el sentido animal, solemos ser atrapados con más facilidad en la búsqueda sin sentido del placer. Nos dejamos cegar fácilmente por la carga hormonal que ustedes irradian hacia nosotros. Ojo, no estoy diciendo que la infidelidad masculina sea culpa de ustedes ni mucho menos. El hombre busca una salida natural a su necesidad de cazar. Nos encanta la sensación de rastrear, acechar y capturar una presa. Está en nuestro ADN y es un gen bastante difícil de apagar. La monogamia es un caso raro en la naturaleza. En el caso de los humanos es una monogamia forzada por nuestra capacidad de lenguaje, el cual crea conciencia, la cual crea la necesidad de hacer el bien, es decir, la ética.

Quiere decir que como Dios, la fidelidad es un concepto creado por el ser humano y para el ser humano. Ya sé, que me van a mencionar a los loros y a los pingüinos, pero debemos entender que en este caso, es más una lucha por una pareja fuerte para conservar una especie. Antes que un sentimiento de fidelidad.

Las recetas para ambos géneros son diferentes. En el caso de las mujeres, los ingredientes suelen centrarse en la falta de atención, la necesidad de sentir y todo lo

Manual para amar a los hombres u "odiarlos"

que esta palabra implica. En el caso de los hombres, la infidelidad se centra en el placer; ya sea orientado a los procesos de conquista en sí, la emoción de la caza, o al resultado de tener y poseer una mujer diferente a aquella con la que comparte; o probablemente, a una búsqueda interna que no tiene respuesta aún, es decir, una sensación que sabe que existe pero que no se atreve a asumir. Una decisión que es clara desde sus emociones pero que su cobardía masculina no deja escapar.

Somos muy malos mintiendo, al contrario de ustedes que son las maestras de la mentira. Más aún cuando de infidelidades se trata. Somos tan básicos en nuestras sensaciones que a la hora de mentir nos atrapan fácilmente. Ser infiel desde el punto de vista del hombre no es más que una búsqueda básica de placer. Nos gusta saber que ganamos algo sin sacrificar lo que ya tenemos. Nos encanta la forma como disfrutamos y comparamos descaradamente mientras estamos con una o con la otra. Es una forma de pensar muy obscena dirían ustedes. Pero no pueden olvidar que en este sentido somos unos animales primitivos.

Los reclamos, las malas actitudes, la falta de atención y todos aquellos comportamientos que minan una buena relación, son los motores principales de esta búsqueda, pero no los únicos. Para un hombre basta con una muestra de atención por parte de una linda chica para que él enfile sus armas hacia ella. Ya dependerá de las brechas de su relación y su capacidad ética y moral inventada por los humanos, para decidir si pone en riesgo su relación o su status quo en pro del placer.

Las infidelidades se consideran uno de los temas más difíciles de resolver en una pareja; esto porque corrompe de forma directa dos pilares fundamentales: el respeto y la confianza; siendo este último tal vez, el pilar más difícil de reconstruir. Nunca una pareja será la misma antes y después de una infidelidad. Siempre existirá la duda y los celos se encargarán de hacer más difícil que las cosas sean iguales de nuevo.

Cada cual mide con su propio rasero y decide si perdona o no una infidelidad. Así como cada cual decide si es o no infiel fallando a los acuerdos de respeto que se tienen entre sí. La infidelidad es usualmente usada como excusa para terminar relaciones. Los hombres a menudo la encuentran como la única salida para ser echados de sus relaciones, como si se tratara de una *"bellum iustum"*[2].

---

2   Palabra en latín para justa causa bélica

Manual para amar a los hombres u "odiarlos"

Al no tener la capacidad de decidir por sí mismos, dentro de un acto de cobardía o de simple acomodo a una vida confortable, suelen acudir a la creación de una excusa, para que la mujer tome la decisión.

También existen los casos patológicos de parte y parte. Por el lado nuestro nos encontramos con aquellos que no son capaces de mantener una relación seria con nadie. Siempre deben estar con cuantas mujeres sea posible aún si esto implica hacer infeliz a quien te acompaña desde la sinceridad. Si te encuentras con alguien asi, por favor aboca al respeto propio y como si se tratara de un drogadicto o un alcohólico. Sálvate tú primero, en estos temas normalmente no hay soluciones definitivas y las recaídas son más comunes de lo que crees.

***

Capítulo 4

¿Por qué siempre les falta 5 para el peso?

La inconformidad femenina

Aunque la idea no es enmarcar a todas las mujeres en un solo estereotipo, estoy seguro que la respuesta a la siguiente pregunta validará que este capítulo tiene todo el sentido del mundo. ¿Si pudieras cambiar cualquier parte de tu cuerpo de forma mágica y sin ningún costo o consecuencia, lo harías? Sin temor a equivocarme diría que el 99.9% de las mujeres que lean esta pregunta contestaron a ella afirmativamente.

Esto claramente demuestra que es más fácil encontrar a un animal mitológico, que encontrar a una mujer conforme y la verdad les soy sincero ¡gracias a Dios es así! Porque el dia que una mujer se conforme, ese dia

Manual para amar a los hombres u "odiarlos"

el placer de estar al lado de ustedes dejará de tener sentido.

Las mujeres siempre quieren más: más de su acompañante, más de su amante, más de su familia, más de sí mismas, más de sus amigas, más de su trabajo, más de su ropa, su dinero o sus cuerpos y a duras penas, saben qué quieren, para la muestra un botón, si comparas la sección de ropa masculina versus la sección de ropa femenina en cualquier almacén, te darás cuenta a qué me refiero.

Tan solo al ver la variedad, este tema se vuelve abrumador y aun así, una mujer promedio, debe recorrer 6 almacenes por visita y medirse unas 10 a 15 prendas antes de decidirse si la comprará o no corriendo el riesgo de llegar a casa, dejarla en el olvido, o simplemente regresarla al almacén para comenzar de nuevo.

Todos estos ejemplos y muchos más que se podrían citar aquí, no hacen más que validar, que nuestras hermosas acompañantes son inconformes por naturaleza y si esto pasa con las prendas de vestir es totalmente válido que pase con nosotros, es aquí donde el amor entra al rescate.

¿Por qué siempre les falta 5 para el peso?

Te amo porque me conformo con lo que eres, y aunque me llenas en muchos sentidos nunca llegarás a suplir mis necesidades al 100%, -- suena muy cruel pero es el comportamiento natural femenino desde el punto de vista masculino -- por supuesto, como la naturaleza es sabia, les dio a ustedes el don maternal de pensar en el otro antes que en ustedes, más aún, si el otro es un ser al que aman y es por esto que aun sin ser perfectos, prefieren tenernos a su lado, algo similar nos ocurre a nosotros.

Ser inconforme no es del todo malo, al contrario trae más ventajas que desventajas; la inconformidad femenina se dicta por las necesidades inmediatas, ustedes son cortas de paciencia para aquellas cosas que quieren y saben que pueden obtener; y suelen ser largas de paciencia para aquellas cosas que quieren y no saben cómo obtener. Lastimosamente esto no excluye de la frustración y del bloqueo mental que trae el pensar imposibles.

Desde nuestro punto de vista, la inconformidad no es más que un manejo de paciencia, donde esperamos que las cosas se pasen como pasa la moda o una una rabieta; o simplemente esperamos a que esa tan anhelada necesidad encuentre su punto de fuga en un deseo cumplido o en una conformidad aceptada.

Manual para amar a los hombres u "odiarlos"

La inconformidad masculina

Como se ha repetido a lo largo de todo este texto, nosotros los hombres somos seres mucho más básicos, nuestra inconformidad se resume en dos conceptos básicos para nosotros: las cosas que son alcanzables y las que probablemente sean alcanzables en el tiempo. Somos menos idealistas en este sentido y para exponerlo, nada mejor que un ejemplo.

Cuando vemos una chica y esta nos gusta buscamos a como dé lugar impresionarla, sale a relucir el pavo real, las invitaciones no se hacen esperar, mostrar más que los demás se hace importante y mientras esté dentro del presupuesto, ese sueño de llegar a una chica se hace alcanzable.

Aunque el tema del presupuesto se convierta en un tema de discusión que puede dar para todo un libro, es importante anotar que nosotros dentro de nuestros inmensos miedos a la hora de enfrentar el género femenino, debemos escudarnos en otras ventajas ajenas a lo que realmente somos; ya sea unas flores, una salida a cenar, un muy buen perfume o un auto, siempre estamos buscando herramientas para lograr el objetivo, cuando en realidad la mejor herramienta somos nosotros mismos -- conocimiento que no llega

¿Por qué siempre les falta 5 para el peso?

sino cuando ya estas casado y es difícil devolver el tiempo para aplicarlo --

Nuestra inconformidad principal surge con el tiempo, mientras exista reto estamos conformes con lo que nos rodea, en pocas palabras nuestro inconformismo es directamente proporcional a la adrenalina que encontremos en el objetivo. Esto aplica a muchos niveles, tanto laboral como personal, y como te pudiste haber dado cuenta leyendo esto, es muy probable que tu pareja actual o alguna por la que ya pasaste, se haya encontrado en situaciones en las que la motivación simplemente muere.

Es así como nuestro inconformismo nace directamente de la necesidad de emoción o de la ausencia de éste en algún punto. Mujeres, lastimosamente el hombre necesita una vida llena de inacabados para que su adrenalina esté siempre activa, las mujeres de hecho evolucionaron a ser algo "intensas", algo inconformes con lo que tiene, a querer tener siempre la razón y a que cada 28 días su estado de ánimo tenga el mismo comportamiento que los licántropos con la luna, no es más que una respuesta natural y casi animal de mantener la emoción dentro de una relación, es convertir la estabilidad en inestabilidad por el bien de una relación duradera.

Manual para amar a los hombres u "odiarlos"

Y si, como ya habrás podido deducir, las amantes y los desplantes masculinos se fundamentan precisamente en eso: la aburrición de la falta de emociones, la melancolía después de haber escalado la montaña más alta y saber que no hay montaña más alta, lo que despierta sin querer o queriendo la curiosidad por las pequeñas colinas. No excuso a mis compañeros de género por tener amantes, ni tampoco a aquellos "valientes" que decidieron mantener una relación por encima de todo tratando de encontrar el camino de la alegría en su madurez bloqueando la necesidad de nuevas emociones y descubrimientos, así como tampoco excuso a aquellos aún más "valientes" que fueron capaz de dejar todo atrás para lanzarse a la aventura.

Tratando de emular una frase anterior y dentro de la practicidad masculina podríamos decir:
Estoy contigo y me llenas al 100% por que eres una fuente de adrenalina constante, sigo contigo porque espero que el reto continúe o no te dejo, porque me da miedo comenzar de nuevo y no tengo idea ni cómo ni cuándo terminar. -- Nuevamente suenan muy crueles las tres posiciones, pero es la realidad de los tres estados de una relación desde el punto de vista masculino --

¿Por qué siempre les falta 5 para el peso?

Siempre queremos lo que no tenemos

Esto nos lleva directamente a algo que las mujeres con el corazón roto conocen de primera mano, por culpa de esos hombres malvados que terminaron buscando lo que pensaban que tenían en ellas.

En el caso masculino, para nosotros, como le explique arriba, una relación tiende a ser una montaña rusa de sensaciones que a medida que se enfrían hace que la búsqueda de nuevas cosas se intensifique, de donde surgen tres opciones: una donde el hombre por amor o por cualquier otra reacción química límite esa búsqueda y encierre ese animal interno en un mar de responsabilidades ineludibles -- suelen tener nombres lindos y se bautizan -- otra, donde sin buscar responsabilidades ineludibles más allá de las que atañe el diario vivir decide por cualquier motivo continuar viviendo su status quo, esta, indudablemente termina en infelicidad que normalmente se traduce en viejitos amargados, la tercera y no menos importante, es aquella donde las cosas explotan en millones de pedazos con dos resultados finales predecibles, o la reconstrucción trae cosas mejores para ambos o simplemente la palabra ambos deja de existir.

Manual para amar a los hombres u "odiarlos"

No compañeras, las amantes no dañan relaciones, las amantes normalmente son la consecuencia de una relación fría y de una búsqueda natural masculina por querer siempre lo que no tenemos. Si pudiéramos hablar con el novio de Ana Sofía Henao o de Natalia París seguramente se darán cuenta que encuentran mujeres aún más atractivas que sus actuales parejas y seguramente en un centro comercial, tal como ocurre en matrix, si pasa una chica con un vestido rojo y un cuerpo medianamente sexy seguramente voltean a mirar. Está en nuestro ADN, no podemos hacer nada.

Para nosotros, esta visión de querer siempre lo que no tenemos, va más allá del idealismo y esa es la gran diferencia entre el deseo femenino de una relación duradera y él deseo masculino de una relación divertida, ustedes buscan estabilidad, nosotros no -- a no ser que seas un vividor ... y conozco varios -- nuestra búsqueda, más que una compañía permanente, es una cómplice de nuestras aventuras con la mente suficientemente abierta, para entender que a veces no las queremos ni ver, aún cuando nunca se los decimos.

Siempre tendremos motivos para mirar a otra, siempre sentiremos placer al ver una sonrisa en otra y siempre, aún cuando pasan los años, disfrutaremos de

¿Por qué siempre les falta 5 para el peso?

la compañía de otra, que trascienda o no, depende de lo férrea que sea la convicción de lo que sientes por esa otra persona y de si esta persona es buen cómplice o no. Por favor amiguitas, sean más cómplices y menos verdugas; creanme que su pareja se los agradecerá profundamente y tendrán posiblemente, un hombre para toda la vida -- no doy garantías, no somos tan básicos como ustedes creen pero tampoco tan complejos como ustedes lo son--.

¿Qué es lo que quieren y buscan los hombres?

Ya hablamos de complicidad y adrenalina constante, en este momento, debe haber algunas de ustedes mirando cómo tirar a su pareja actual de un parapente o cómo meterlo en una balsa por un río torrentoso, no se esfuercen tanto, como leí en alguna parte: "no hay cosa que me encienda más que una mujer que se muerda el labio y se acaricie toda ... pero si supieran que con morderse el labio es suficiente ...", podría decir entonces, que así como adrenalina y complicidad son componentes esenciales en la búsqueda masculina, existen otros ítems fundamentales que rondan en el aire y que hacen que la vida del hombre sea mucho más feliz cada dia. Trataré de nombrar a algunos aunque estoy seguro

Manual para amar a los hombres u "odiarlos"

que son más, tampoco les voy a construir un manual de instrucciones, igual no creo que sea posible.

Somos seres mimados, recuerden que a ustedes las mima más su papá que su mama, en nuestro caso a nosotros nos mima más nuestra mamá que nuestro papá, al que después de una edad lo vemos como una competencia, asi que, animense a acariciar y a besar; ser mimados aunque nos veamos muy machos la mayoría del tiempo, es uno de los objetivos de una pareja, nos gusta que nos acaricien y que nos traten con amor.

Nos gusta la atencion, alimenta el ego y nos hace sentir importantes ante ustedes. Existen muchas tendencias holísticas actuales a eliminar el ego a todo dar, creo en la premisa que el ego es un motor que se puede usar para el bien, y que así como en el hapkido se usa la fuerza del oponente en contra de él, creo que para una mujer alimentar el ego de un hombre, puede traerle muchos beneficios, pero bueno ¿quién soy yo para enseñar el arte de la manipulación a quienes lo inventaron?

Sean sexys sea cual sea su condición, ser sexy no sobra; nos gusta que nos impresionen, que se muevan que se toquen, que sean femeninas y que se

¿Por qué siempre les falta 5 para el peso?

aprovechen de eso, creanme que con morderse el labio basta, pero seguramente no querremos perdernos las caricias. Ustedes tienen un poder inimaginable sobre nosotros, úsenlo adecuadamente -- *"un gran poder conlleva una gran responsabilidad"* Tio Ben/Spiderman --

Ya lo dije arriba pero no sobra repetirlo, sean cómplices, no hay nada mejor que una mujer que se apunte a tus planes más locos -- por favor no pensar en las 50 sombras de gray -- nos gusta que nos pregunten cómo nos fue y que no nos reprochen por no contar las historias como si se tratara de una radio novela, lo que nos lleva al siguiente punto.

No reprochen, esta actitud es como dispararle en la cabeza a cupido, creanme que los reclamos y los reproches lo que hacen en el hombre, es intensificar la búsqueda de un paraíso sin reproches que aunque sabemos que no existe, también es claro que los primeros meses o años de una relación tienen pase libre a los reproches, ya sea porque no los escuchamos o simplemente porque todo entra dentro del nuevo conocimiento de alguien. En definitiva, y no con el ánimo de ser canson ¡ por favor! no reprochen, sé por qué se los digo.

Manual para amar a los hombres u "odiarlos"

Mujeres, nosotros no buscamos la mujer perfecta, al contrario, disfrutamos sus imperfecciones al máximo, no traten de ser perfectas con nosotros, sean sinceras y muestrense como son, para nosotros es muy difícil mostrarnos como somos, ningún hombre, nunca va a llegar a decirte: -- Mira amor, mis problemas son éstos, éstos y éstos otros, me ayudas a solucionarlos? -- Nunca! por lo tanto no esperes que pase, sólo se tu misma, no pierdas tu feminidad y comprende que lo que nos llamó la atención, seguramente sigue presente, aún cuando él día a día de una relación lo esté opacando poco a poco.

Tiempo y espacio, suena recurrente y hasta cansón a veces, pero el concepto moderno de las *men's caves* es una cosa fenomenal con un transfondo fantástico, nosotros hacemos catarsis de nuestros problemas de una manera muy diferente, con nuestros amigos, haciendo de todo una charla, ustedes por el contrario esperan encontrar su par de catarsis en su esposo o pareja; él, créanme, se limitará a tratar de dar un consejo que ustedes no han pedido y seguramente que no les gustará escuchar, finalmente esto termina en pelea en más del 70% de los casos. En nuestra posición, con que nos den nuestro espacio la mayoría de los casos es suficiente, si no funciona, escuchar es el segundo paso más lógico y por lo que más quieras,

¿Por qué siempre les falta 5 para el peso?

no des una opinion si no te la han pedido -- aún cuando lleven marras juntos -- Solemos ser autónomos en las decisiones que tomamos y normalmente se nos vienen a la cabeza cuando decidimos compartir el problema; nuevamente y sin el ánimo de ofender, la estadística no las favorece, creo que en el 80% de los casos, la decisión que tomamos es la que menos les gusta a ustedes como compañeras. Surgen entonces frases como -- ¿ y para qué me pregunta si igual va a hacer otra cosa? -- o -- Yo no le vuelvo a decir nada ¡haga lo que quiera! -- así que mis queridas amigas, si no hay reproche no hay pelea y si no hay pelea hay escucha, lo que resuelve la gran mayoría de los problemas de pareja -- no doy garantías jejeje --

Evolución y adaptación desde el inconformismo

En conclusión, terminamos adaptándonos tanto hombres como mujeres, ambos desde un punto de vista tangencialmente diferente; ustedes con el sueño eterno del hombre perfecto que nunca tendrán y nosotros con la búsqueda eterna de lo que no tenemos, aún cuando está al frente nuestro. Ambas miradas, llenas de frustración en algún momento de nuestras vidas, pero a su vez, llenas de todo lo que nos

Manual para amar a los hombres u "odiarlos"

hace falta si llegamos a entendernos desde lo que tenemos y no, desde lo que nos falta.

No existe la pareja ideal, como su nombre lo indica es una utopía y al serlo no es más que un imaginario nuestro, y como ya bien saben, pues todos lo hemos vivido alguna vez, el espacio entre lo que queremos y lo que tenemos es bastante amplio, más aún, si se mide con el metro de la imaginación y sus millones de universos posibles. Así que ¿por qué buscarla si ya se tiene?

Esto ya nos pone en otro ámbito bastante recurrente en el género femenino y es la construcción de su pareja como si fuera una caja de *"legos"* de colores. Seamos sinceros, no somos el 100% tal vez alcancemos al 40% si mucho, es el otro 60% lo que hace el reto interesante. Dentro de las primeras experiencias de novios que tienen las mujeres casi siempre se van a encontrar con alguien que está a medio cocer y se van a montar en la película de hacerlo y moldearlo a su gusto. Ventaja que tienen las mujeres en los primeros años, pues tienden a madurar antes que nosotros y a entender o al menos a pretender entender qué es lo que quieren. Lastimosamente entre los 25 y los 30 años se dan cuenta que no tienen poder alguno sobre lo que puede

¿Por qué siempre les falta 5 para el peso?

llegar a ser el otro y es en ese momento, cuando llega el mayor golpe contra la realidad; al igual que los hombres, terminan dándose cuenta que no estaban donde pensaban o que no están con quien quieren estar. Ambos lados de los sexos llegamos a conclusiones similares pero en puntos de vista diferentes y son estos cambios los que definen lo que sigue para nosotros.

El número de mujeres solas y autosuficientes en el mundo es cada vez mayor, como lo es también el número de mujeres con hombres que no sirven para nada (al menos eso piensan ellas), pues seguramente, en la cabeza del hombre todo está en modo perfecto, en el que ella le resuelve los puntos fundamentales de su supervivencia, mientras él puede mantener un bajo perfil, reprimiendo el deseo de adrenalina constante. Muchas más parejas de las que crees, viven en este espacio de relativa tranquilidad marital; espacio que es finito y como tal, debe obtener motivaciones externas para no colapsar por su propio peso. Como mencioné antes, éstas motivaciones suelen venir en versiones más pequeñas de seres humanos que contienen una mezcla al 50% del ADN de cada uno.

Si por crudo que parezca, normalmente los hijos buscados o no, permiten centrar la atención que está

Manual para amar a los hombres u "odiarlos"

en el otro, hacia el pequeño nuevo miembro de la familia, a no ser que seamos una sociedad tan madura en cuyo caso tener un hijo, se considere más un factor de supervivencia más allá del sentimiento mutuo o de la necesidad creada de construir familias. Deben estar pensando que soy un patán, pero les aseguro que muchos matrimonios actuales aún de su gente más cercana, ven los hijos como aquellos que salvaron su matrimonio y si no es así fue porque llegaron por adelantado y la atención cambió antes que la química enfriara.

Regresando un poco a los novios infinitos y por qué no, a los matrimonios sin hijos, si los observamos más de cerca vamos a encontrar un rasgo de liberalismo envidiable. Mujeres independientes casi con el control total de la casa y de su destino. Nada de niñerias de por medio, cada uno sabe qué quiere y para dónde va, se ven más como socios que como pareja, son cómplices y se apoyan mutuamente. No necesariamente ella tiene que acompañarlo a los partidos de fútbol o él tiene que acompañarla a comprar algo al centro comercial. Ambos son felices en su compañía y en su soledad aún más necesaria.

Las mujeres suelen excusarse en que son así, déjenme decirles que no.

Capítulo 5

Si todo es posible ¿ Por qué no pasa?

El que piensa pierde

Pensar es algo que solemos hacer más a menudo, a medida que pasan los años. Por esto es que solemos ver a nuestros padres o abuelos tomar cautela a la hora de tomar una decisión. Lastimosamente este mismo aspecto que solemos llamar sabiduría le resta creatividad y emoción a algunas cosas que solo deben pasar por que sí.

Nos hacemos más sabios por el simple hecho que a nuestro cerebro y a nuestro ego no le gustan los errores. No es nada elegante caer de una bicicleta, o que se burlen de ti en el salón de clases por una palabra mal dicha o que una mujer que te gusta, te voltee la cara cuando tratas de dar un beso.

Manual para amar a los hombres u "odiarlos"

No estamos acostumbrados al fracaso, ni mucho menos entrenados para este. Nuestra existencia se basa en el hecho de evitarlo a como dé lugar y la experiencia nos va dando las herramientas necesarias para lograr precisamente eso, evitar. Al no tener el fracaso dentro de nuestros planes, decidimos sistemáticamente buscar aquello que nos asegure, al menos en parte, que no ocurra.

El mundo está lleno de fracasados ignorantes. Fracasados que nos saben que lo son o que simplemente no quieren saberlo. La ignorancia, real o creada, es un buen aliado en estos casos. Y claro el tema de las relaciones no se exime de ello. De hecho y sin temor a equivocarme, es probable que junto con la consecución del "éxito" sea la causa de las mayores frustraciones del ser humano.

Teniendo en cuenta que mientras más pasa el tiempo más pensamos, podríamos hacer algo de memoria y recordar que cuando estábamos "más" jóvenes las aventuras estaban a la orden del dia, un beso era todo un acontecimiento y solo nos detenía el temor de lo desconocido. Solíamos aventurarnos tanto hombres como mujeres a sensaciones inexploradas, entregarnos al placer por el simple hecho de querer

Si todo es posible ¿ Por qué no pasa?

sentirlo. Hoy ya con más experiencia traducida en tretas para evitar, no hacemos más que recordar estos capítulos de nuestra historia como quien recuerda una buena película. Es inevitable sonreír al recordar lo osados que fuimos.

Esto nos lleva a la triste conclusión: el que piensa pierde, o acaso ¿se atreverían hoy a robar un beso, a tomar de la mano y salir corriendo y esconderse en un rincón oscuro solo para acariciar y sentir; a dejar todo -- que en aquella época fue nada -- para vivir una aventura y conocer gente nueva? Creería que la respuesta siendo absolutamente sinceros con nosotros es no. Y ese es precisamente el quid del asunto, si alguna vez te preguntas ¿por qué las cosas con mi pareja no van como eran antes? Seguramente encontrarás que ahora, tanto él o ella tienen más cabeza que pasión, tienen más experiencia en lo que se debe o no hacer y por lo tanto más temores, que a la larga no dejan de ser infundados.

No defiendo a los amantes, tampoco a los encuentros casuales de una noche. Pero les aseguro que su componente de éxito es directamente proporcional a la carga de adrenalina que son capaces de despertar, esa sensación de poder ser atrapados en cualquier momento hace que cada segundo cuente por el simple

Manual para amar a los hombres u "odiarlos"

hecho de ser algo fuera de lo común, algo distinto y único que es prohibido a los ojos del otro y extremadamente placentero y adictivo a los tuyos.

Si piensas bien, no lo harías, pero si no lo piensas seguramente disfrutarás más. La sociedad nos ha hecho un gran abismo infranqueable. Nos etiquetan y cada etiqueta tiene sus pros y sus contras. Morimos de miedo por la letra chica de cada contrato que conlleva esas etiquetas y para acabar de ajustar, nuestro peor verdugo somos nosotros mismos ¿Qué afán tiene mi cabeza de decirme lo que está bien y lo que está mal?

Miedos y egos el peor afrodisíaco

-*Cuando no ha de pasar es porque no ha de convenir*-, suelen decir nuestros padres. Una mirada más positiva a esta frase podría ser -- *al que le van a dar le guardan* -- indudablemente prefiero la segunda sobre la primera. Seguramente porque suelo ver el lado positivo de las cosas y también porque estoy seguro, respondiendo en este caso con otra coloquial frase *"lo que es para uno, es para uno"*. Entonces si esto está tan claro, qué es lo que pasa con nosotros que nos pasamos la vida deseando algo que no tenemos, disfrutando poco, de lo poco que tenemos y añorando lo que nunca podremos tener.

Si todo es posible ¿Por qué no pasa?

No es cuestión de sobre valorar los deseos, pienso realmente que es más bien una cuestión de miedo. En el mundo de las relaciones nos pasamos la mitad de nuestras vidas luchando contra él, adquiriendo el valor para hablarle a la chica o al chico que nos gusta. Decorando nuestros cuerpos para evitar el rechazo o mermar el susto. Y al fin, cuando ya tenemos algo de confianza en lo que podemos hacer y lograr nos encontramos atrapados por una decisión prematura, por un hijo o por la famosa burbuja de confort.

El miedo impulsó a la humanidad a su desarrollo actual y el ego a su destrucción. Es claro que para ser lo que somos fueron muchos los sustos, tan claro como es la sensación de haberle ganado al miedo, o acaso ¿no recuerdan su primer beso -- sea que lo haya buscado o recibido? -- el miedo siempre juega un papel importante, pues si se antepone a las decisiones suele estropearlas, pero si se usa adecuadamente, indudablemente se convertirá en pasión. No estoy argumentando que la pasión sólo puede provenir del miedo pero seguramente sus cabezas ya están dando vueltas y afirmando que los mejores encuentros de sus vidas tuvieron algún componente de temor intrínseco.

Manual para amar a los hombres u "odiarlos"

Los miedos de una persona son directamente proporcionales a su experiencia, es por esto que los mayores suelen mostrarse más temerosos. No quiere decir esto que lo sean, como ya lo expliqué en el apartado anterior. Las relaciones de pareja suelen enfriarse con el tiempo, este tal vez sea uno de los temas más tratados en la literatura de autoayuda, junto con el de hacerse rico. Lo que no queremos descubrir aún siendo evidente, es que nuestras relaciones se enfrían por uno mismo. Ya sea por el miedo a perder a esa persona o por la necesidad del ego que siempre espera algo del otro. Solemos ver portadas de Cosmopolitan que apuntan siempre a dos bandos -- *¿cómo tener un look fenomenal para volverlo loco?* -- o -- *15 preguntas para saber si ese hombre realmente te quiere* -- son trucos sucios al fin y al cabo, pues por más que dure el look o las preguntas, solo serán un pequeño instante dentro de una relación. Considera entonces por qué hiciste el test o te cambiaste el look ¿miedo o ego?

Ya hemos tocado el tema del control y la necesidad de atención. Seguramente éstos dos tienen su origen en él miedo o en el ego. Como los celos no suelen ser problema del que es celado sino de quien los siente por su falta de confianza y su cobardía para preguntar. El ego y el miedo suelen ser ignorados y la culpa suele

Si todo es posible ¿ Por qué no pasa?

ser asumida por otro. Suelen pensar las mujeres (y su opinión cambian a medida que la relación madura), que la culpa de que la cosas se enfríen, recae en el hombre. Un poco egoista de parte de ellas, pero nada podemos hacer. Disney y los hermanos Grimm hicieron un muy buen trabajo en este aspecto. No excuso a mi género, pues solemos pensar que con unos pocos actos podemos mantener el status quo de una relación y no es tan fácil ni para nosotros ni para ustedes.

La costumbre es el mejor antídoto para la pasión, si usted desea que su marido deje de ver otras mujeres, invítelas todos los sábados o los domingos a jugar cartas y a que se queden todo el dia en su casa. Seguramente saldrá corriendo después del tercer fin de semana. Aunque matar la costumbre no es garantía del éxito en una relación, como sí lo es en gran parte el negociar. Es importante que sepan, que romper ese círculo costumbrista ayuda bastante a convertir el miedo en pasión y el ego en deseo egoísta donde como buen caballero: "las mujeres primero".

No las estoy invitando a que la responsabilidad sea solo de ustedes, pero seguramente notarán que a medida que pasa el tiempo si ustedes marcan la pauta,

Manual para amar a los hombres u "odiarlos"

se puedes llevar unas agradables y placenteras sorpresas de quien las acompaña.

Ya en el ámbito de la soltería, podríamos decir que el mayor problema al que nos enfrentamos, es el miedo a quedarnos solos; aún cuando vivimos en ciudades rodeados de miles de personas, y no es de extrañar, somo seres gregarios y como tal queremos compañía la mayor parte del tiempo -- al menos algunos --.

Este temor a la soledad nos deja en un dilema, pues el no estar solo a nivel social, implica usar etiquetas politicamente correctas: encarrete, novio, novia, esposo, esposa. Para así evitar en las etiquetas politicamente incorrectas: amante, tiniebla, tinieblo, arrocito en bajo o en alto. Pero las etiquetas no terminan ahí, porque siempre suele ocurrir que aún saliendo con un amigo o amiga te toque aclarar que la etiqueta es esa precisamente -- solo somos amigos --.

Nos gusta pensarnos auto suficientes cuando estamos solteros, aún cuando el miedo nos invade. Nos gusta disfrutar todo un mundo lleno de posibilidades, tan lleno que abruma. Nos encanta la idea de saber qué podemos elegir aún cuando no sabemos qué elegir o peor aún si lo que elegimos nos elige a nosotros. Pues no estamos hablando de cosas sino de personas.

Si todo es posible ¿Por qué no pasa?

Nuevamente el miedo aún estando sin las ataduras sobre las que ya hablamos, juega un papel importante en la forma como se desarrollan los acontecimientos.

Sin embargo esa flexibilidad puede llevar por lo menos desde el lado masculino, a buscar y a alcanzar metas pendientes. Desde el lado femenino, a romper esquemas y descubrir otras formas de ver la vida, donde las etiquetas que lastimosamente pesan más sobre ustedes que sobre nosotros, encuentren otro sentido.

En cuanto al ego, no se crean que porque ya son adultos su experiencia los va a guiar a buen puerto. Desde el punto de vista del hombre, está claro que cada mujer es una caja de pandora con una montaña rusa adentro. Desde el punto de vista de la mujer, bajar los prejuicios y abrirse a una nueva forma de pensar se hace más difícil con él tiempo. Al fin y al cabo, suelen meter más el corazón que nosotros y no las culpo, eso es precisamente una de las cosas que más nos atrae hacia ustedes: que se enamoran de nosotros y nos hacen enamorarnos de ustedes.

Nos queremos sentir bien en cada momento, las vemos lindas y quieren que se lo digamos en toda oportunidad, quieren sentirse acompañadas y quieren

Manual para amar a los hombres u "odiarlos"

que se los hagamos saber constantemente, queremos que sean para nosotros y que estén cuando las necesitamos o deseamos, queremos compañía y quien nos lleve los caprichos. Ambos somos géneros egoístas, pedimos y deseamos desde nuestro punto de vista. En esencia, lo mismo para ambos bandos, sin darnos cuenta que nuestros egos pidiendo lo mismo, se anulan dejando de existir.

Si queremos lo mismo por qué no darlo sin esperar nada a cambio. Podría asegurar sin temor a equivocarme que las parejas más felices, efímeras en el tiempo o no, suelen ser aquellas que dan, por el simple hecho de que les place hacerlo; con tal franqueza y coherencia en la acción de dar que es precisamente lo que les genera mayor placer. Por el contrario aquellas que no hacen más que esperar uno del otro, encontrarán que su vida pasa de un suplicio a otro, aún si tienen en sus arcas todas las riquezas del Rey Midas, pues si esa persona pasa y esperabas un beso o un saludo, seguramente tu rostro va a cambiar.

No es abnegación ni mucho menos, es solo el hecho de que ambos en la misma sintonía de dar sin esperar pueden generar sin lugar a dudas una relación mucho más fuerte que si solo se espera.

Si todo es posible ¿ Por qué no pasa?

¿Quién, cómo y cuándo?

Cual si fuera la mejor amiga de tu oficina, que te espera un lunes en la mañana con sus ojos brillantes como los de un niño al que le van a entregar un dulce, para que le cuentes lo que ocurrió el fin de semana; como las risas de los "amigotes", que es como ella suele llamar a la pandilla que te acompaña desde tiempos inmemoriales y que ahora vitorean y lanzan carcajadas y brindis de cerveza en lata.

Dos personajes distintos pero dos sensaciones iguales. Cuando ocurre es fenomenal, tienes el quién encontraste, el cómo y el cuándo. Ya es un recuerdo de los buenos.

Entonces por qué se nos hace tan difícil llegar a ese punto. Creo que la respuesta se divide en estas tres palabras: Comencemos entonces con el "quién". Difícil palabreja esta, nos pasamos la vida buscando el "quién" perfecto y cuando posiblemente encontramos uno, nos pasamos la vida en dos posiciones: tratando de entenderlo, o tratando de cambiarlo y adaptarlo al "quién" que deseo. Ocurre en diferentes medidas, pero ambos sexos tendemos a hacer de ese "quién" un ideal que no es real. El realismo en las relaciones de pareja, suele ser poco divertido; preferimos por

Manual para amar a los hombres u "odiarlos"

ejemplo hacer el amor con una pareja idealizada, antes que pensar en el sexo realista cuyo objetivo principal es el placer y el disfrute del otro.

Entonces ese "quién" se convierte en un muñeco para armar, que como si fuera el señor cara de papa, le vas poniendo y quitando características, esperando un resultado, resultado que en la mayoría de los casos y esto se repite mucho en él genero femenino, va a contener un alto grado de decepción. Muchas de ustedes suelen llegar a un restaurante por ejemplo, pedir un plato, crear en su imaginario un olor, un sabor, una textura. Cuando el plato real llega, el imaginario ya puso el standard bastante arriba, así que las posibilidades de decepción pasaron de un 5% a un 70%. Ustedes no son difíciles de complacer, lo difícil es romper el imaginario. Por eso el licor y la carga química del enamoramiento son tan importantes a la hora de crear matrimonios y relaciones a largo plazo.

En nuestro caso como ya lo hemos visto antes, somos seres muy básicos, basta que exista alguna atracción, un IDI (Identificador De Interés), como lo mencionan algunos libros que se especializan en conquista; él guiño de un ojo, que nos tomen la mano, que sonrían en respuesta a una mirada, que agachen la cabeza o que se muerdan el labio, ya son una señal suficiente

Si todo es posible ¿ Por qué no pasa?

para idealizarlas. La diferencia más grande radica en que nosotros nos conformamos con poco y no esperamos mucho, por eso las relaciones están llenas de hombres cobardes que se dieron cuenta después de mucho tiempo que sus parejas no son lo que ellos querían en sus vidas, pero que llevan tanto tiempo en una relación que no hay marcha atrás.

Para nosotros ese quien ocurre desde el primer vistazo, para ustedes, requiere de una cantidad de entrevistas a modo casting para tratar de sumar pros y restar contras. Para nosotros la línea de tiempo no supera algunos meses. Para ustedes la idealización de ese quien debe llegar a años. Nuevamente el miedo y el ego jugándonos una mala pasada. Si nosotros superamos el miedo del primer acercamiento, del primer toque, de la primera salida a comer, del primer beso, las cosas seguirán su curso normal. Para ustedes si superan el miedo de saber elegir, de esperar lo adecuado; ni mucho ni poco, de tener certezas sobre su comportamiento; que nunca lo serán, después de consultar con la almohada, con las amigas, con la mamá o incluso con la bruja o psicóloga de confianza. Será entonces cuando darán el paso.

El "cómo" se traduce en estrategia. Crear momentos adecuados en un arte de guerra que requiere bastante inteligencia. Desde el lado nuestro, usamos las típicas técnicas de acercamiento como si de una película se tratara: el cine, las discotecas y los restaurantes de mantel son nuestros mejores aliados. Desde el lado femenino, la coquetería, él hacerse las difíciles, ni mucho ni poco, mostrar algo de piel, también ni mucho ni poco. En pocas palabras ser ustedes mientras nos enloquecen a nosotros, define un "cómo" más atemporal de lo que quisiéramos.

Como tiene una ventaja sobre las otras dos y es que una vez se han roto algunas barreras, el "cómo" deja de importar, pues todo comienza a fluir de forma maravillosa entre ambos. Es por esto, que incluso cuando el "quién" es el "adecuado" y el "cuándo" juega a su favor, termina siendo el "cómo", un factor sin importancia. El deseo suele conocer el camino, creanme.

"Cuándo", otra pequeña palabra que nos juega a ambos una maravillosa treta cada vez que queremos que todo pase. Nuevamente en nuestro caso la flexibilidad y lo básico regresa al juego, la tenemos más difícil, pues dependemos de que las mujeres bajen sus armas y el puente levadizo, para comenzar con nuestro "ataque". La tenemos difícil desde el principio, pues no las aprendemos a leer muy rápido que digamos y cuando

Si todo es posible ¿ Por qué no pasa?

esa experiencia es adquirida, ya ustedes suelen estar ocupadas por otros más aventajados. No las excuso, el lado femenino del cortejo tampoco lo tiene simple, aunque suele ser más parecido a comprar zapatos en una vitrina que al asedio de un castillo.

No solemos estar bien sincronizados entre ambos géneros, ustedes suelen esperar y nosotros no sabemos cual es el momento adecuado. Suelen llamarnos lentos con regularidad o reclamarnos que vamos muy rápido. Traten de bailar salsa mientras el otro escucha merengue, no se me ocurre un ejemplo más claro.

¿Todo es posible?

Recuerda ese amor platónico cuando estabas más joven. Piensa qué hubiera sido de ti si te hubieras atrevido a dar el paso. ¿Lo ves posible? ¿qué crees que hubiera ocurrido? Al contrario de lo que muchos piensan, creo que si dejamos algunas reglas morales de lado, toda relacion platonica tiene algo de realizable, el problema radica en que nos mata el miedo. Seguramente tu imaginacion volo alto al recordar, seguramente te viste con esa persona disfrutando de lo lindo. También seguramente saben hoy, por qué no ocurrió y por qué no debió pasar en ese preciso momento, la pregunta nuevamente es, si pudieras regresar el tiempo ¿lo harías? Nuevamente conociendo un poco la mente femenina, solo un poco, pues no me las doy de sabio en éstos menesteres y sinceramente creo que ni siquiera ustedes logran entenderse ¿qué pasaría si no existieran consecuencias? creo, que en este caso y sacando esa variable del medio, la respuesta sería: ¡lo hago! y creo que pasarían de maravilla. Está claro que pensamos más de la cuenta, pero también está claro que nos educaron para eso y que romper esas barreras morales no es nada sencillo.

Ahora, estando en una relación o no, por qué no darse la oportunidad de jugar todas las cartas, insisto en esto, no estoy incitando a la infidelidad, solo a la idealización realista, a asumir el juego tomando el control de lo que puede desencadenar. Los solteros tendrán más ventajas, pues pueden darse a la tarea de dejar que las cosas pasen. Aquellos que se encuentren en una relación, ¿por qué no juegan un poco a convertirse en ese personaje que ambos desean, esperando poco, entregando mucho y disfrutando aún más?

Pasar de la teoría a la práctica no es nada simple, pero una vez se hace el resto fluye, como siempre, el

Si todo es posible ¿ Por qué no pasa?

primer párrafo es él más difícil de escribir y en el ámbito de las relaciones no es diferente. Como no lo es tampoco en el ámbito del placer.

La respuesta es sí, todo es posible. Y sí, aunque no lo creas o pienses mientras lees estas líneas, que estoy loco como una cabra. Seguramente habrá otros que ya han recorrido este camino y que encontrarán en este pequeño párrafo una sonrisa.

Para quienes no lo han vivido de esa manera es el momento de hacerlo. Si tienen a alguien a su lado por favor no le falten al respeto. Hagan de esa compañía una aventura, suena a cliché, tal vez lo sea. Igualmente eso no te exime de intentarlo, si a ti que siempre estas esperando que las cosas cambien por sí solas. Si a ti que socialmente te enseñaron quién es el que debe dar el brazo a torcer o quién dé el primer paso. A nosotros también nos gusta que nos roben besos y que nos pellizquen los oídos o la nalga con un piropo.

No obstante, mucho cuidado con imponer, siempre debe haber un entendimiento mutuo, un proceso de conocimiento y de negociación, pero eso lo dejaremos para el capítulo 6 de esta pequeña obra. Mientra tanto abordemos otro escollo en el asunto de hacer que las cosas pasen.

Manual para amar a los hombres u "odiarlos"

Fantasmas del pasado

Recuerda que la vida se mueve en un solo tiempo. Solo nuestra mente juega entre el pasado y el futuro mientras ignora el más importante, que es el presente. Cuando me refiero a los fantasmas del pasado no me refiero precisamente a que sea de un pasado muy lejano, me refiero a experiencias que generan marcas imperceptibles en nosotros a medida que nos conocemos un poco más.

Abordemos este espinoso tema de la experiencia que se convierte en fantasmas, en dos partes: La primera, son aquellos que existen antes de conocer a esa persona, fantasmas creados por personas que alguna vez acompañaron nuestro camino y que por algún motivo ya no están dentro de nuestros planes futuros. Para nosotros como hombres, terminar con una pareja suele darnos una especie de "libro en blanco", pero en realidad no lo es. Y ya voy a ahondar en el tema para que quede lo suficientemente claro. ¿Recuerdan esas películas de espías donde pasan suavemente un lápiz a una libreta telefónica en blanco para saber qué estaba escrito antes? Así, mis queridos lectores, funciona la memoria fantasmal de las relaciones pasadas en los hombres. Pretendemos que no existen pero están

Si todo es posible ¿Por qué no pasa?

siempre en el fondo, no evidentes, no marcados con tinta pero indudablemente dejaron una marca.

En el otro bando las cosas son un poco diferentes. Es bien conocida la legendaria habilidad de almacenar acontecimientos con fecha, hora y color de camisa, que tiene el género femenino. Esto no cambia al terminar una relación. Simplemente no aplica a la nueva persona en cuestión. Pero, y esta es la parte importante, ustedes suelen hacer como los árboles. Donde antes hubo un corte o una pequeña herida, ahora hay un corteza más gruesa que el resto. Esto representa un reto interesante, pues las mujeres suelen ser más duras con ellas y con los demás a medida que pasan los años y las relaciones. Para nosotros como cosa rara en todo el libro, simplemente, un reto más.

Por el otro lado tenemos los fantasmas de corto plazo, aquellos que suelen nacer y morir en el instante, al principio de una relación, pero que a medida que pasa el tiempo, son más los que nacen y no mueren, que aquellos que pasan sin dejar rastro.

Ambos géneros los sufrimos por igual pero los usamos de manera diferente. En el caso femenino son acumulativos y cual si fuera una caldera suelen

Manual para amar a los hombres u "odiarlos"

explotar en "átomos" de vez en cuando, por "átomos" me refiero a reclamos. Por el lado nuestro los usamos a nuestro favor, la mayoría de las veces tomamos nota y aprendemos qué es lo que dispara ciertas reacciones y buscamos evitarlas, la mejor pelea es la que no inicia. En otras ocasiones acumulamos como ustedes, pero no de forma vivida, sino más bien como un vago recuerdo de algo que nos incomodó en algún momento pero no generó la mayor importancia.

No estoy generalizando, no todos los hombres son asi, pero por lo general somos más prácticos y solemos adaptarnos antes que entrar en conflicto. En mi caso es bastante difícil llevarme al punto de explotar, pero cuando ocurre, los detalles no son importantes. Como sí lo son, en una discusión iniciada por una fémina.

Desde el punto de vista de una relación, el cerebro al principio está opacado por miles de sensaciones. Nada importa, todo se puede disculpar y todo puede pasar desapercibido. A medida que el tiempo pasa, esa anestesia se termina y como dicen por ahí lo que antes te gustaba ahora te agobia. Aplica para ambos pero como expliqué arriba, se usa y ocurre en nuestras cabezas de forma diferente. Nuestro *"check list"* y hablo del lado masculino, va dictando las pautas de nuestro comportamiento a medida que la relación

Si todo es posible ¿Por qué no pasa?

madura. El compendio de experiencias negativas desde el lado femenino, por contrario, va sumando y sumando. Pasada la anestesia química del amor nos vamos volviendo más intolerantes con el otro y convivir con esa persona se convierte en un fantástico equilibrio entre qué decir y qué no decir, qué hacer y qué no hacer.

Bueno, y con el ánimo de seguir dando consejos "gratis", uno bastante importante para mantener la salud de una relación, podría ser el usar todo eso que guardamos de una forma más abierta, me explico: no guardemos tanto por tanto tiempo, démonos la oportunidad de hacer un borrado sistemático de fantasmas, compartamos más y no caigamos en la triste historia como la que les voy a contar.

Había dos ancianos de ochenta y tantos años, más de cincuenta años de casados tenía la pareja encima y de alguna forma eran la envidia de las fugaces parejas de hoy. Sin embargo no la pasaban tan bien. Un dia el señor estaba de cumpleaños, pero ella no estaba de muy buen humor. De hecho estaba enojada con él por alguna razón que no viene al caso. Decide entonces emprender la operación venganza justo el día del cumpleaños, con tal de arruinarle el dia. Como todas las mañanas ella le prepara el desayuno, pero esta vez

Manual para amar a los hombres u "odiarlos"

decide quitarle los bordes al pan. Ella sabía desde hace años que él adoraba el pan con sus bordes. Entrega el plato casi con una cara de desdén y le dice:

- Feliz cumpleaños amor

El no podía ocultar su cara de sorpresa al ver el plato sobre la mesa. La mira con ojos amorosos y le dice:

- Creí que no lo sabias, nunca me han gustado los bordes del pan, es el mejor regalo de cumpleaños que me has dado.

Comunicarse es esencial, pero dejar de guardar lo es aún más, y al ego le encanta almacenar.

***

Capítulo 6

¿Y si pasara qué?

Hay química, eso es indudable.

Química, de lo que estamos hechos todos. Somos simples enlaces y cadenas de carbono. Tan complejos como nos podamos imaginar tan llenos de opciones que nos abruma el solo hecho de pensarlo. Por crudo que suene, la química es la esencia del amor ya sea en el sentido figurado de *"entre nosotros dos hay química"*, como en el sentido literal de que la tienen porque sus cuerpos les están jugando una mala pasada. Está demostrado científicamente que así funcionamos. Como también está comprobado cuales son sus efectos en nosotros, la sensación que esto genera y el hueco que deja esa ausencia química cuando ya no está. Es como una adicción, tanto en las sensaciones

Manual para amar a los hombres u "odiarlos"

de los buenos momentos como el síndrome de abstinencia.

Usamos trampas químicas para atrapar a nuestras presas, ambos sexos lo hacen y de alguna manera funcionan. Es maravilloso ver la cara de una mujer cuando huele una loción masculina que le gusta o le atrae. Como es para nosotros inevitable olerles el cabello cuando están cerca a nosotros. Eso, por el lado de los olores, pero no es nuestro único sentido, aunque en el tema del enamoramiento o desenamoramiento, suele ser uno de los más importantes, ¿o acaso no han extrañado un olor alguna vez?

Los colores, los sabores y el tacto. Siendo estos últimos dos más difíciles de percibir en un primer encuentro, pues se podrían considerar como una segunda etapa: son tan importantes como invisibles, si las trampas químicas han funcionado. Todos al unísono se unen y refuerzan esa sensación a la que tanto le tememos, que tanto nos confunde, que tanto disfrutamos y que tanto buscamos. Nos decoramos para los encuentros, abrimos nuestro plumaje como lo hace el pavo real y gracias a Dios, a diferencia de todas las especies animales en el mundo, las hembras son más vistosas y hermosas en la especie humana.

¿Y si pasara qué?

La química lastimosamente no dura para siempre, nuestro cuerpo se acostumbra a ella como lo haría con la nicotina. Solemos esperar más pero las dosis que nos llegan, cada vez son más pequeñas o simplemente generan menos efectos sobre nosotros. Lo llamamos costumbre en nuestro caso o "es que ya no es como antes" en el de ustedes. Es simplemente química en su máxima expresión. Puede variar en tiempo, puede variar en intensidad pero todos sin excepción pasamos el punto de enamoramiento absurdo y sin razón lógica a enamoramiento racional. No es divertido, no es para nada cómodo estrellarse con la realidad, pero ocurre y es inevitable. Es en este momento donde sabremos si nuestras elecciones y todos los capítulos anteriores valieron la pena. Si no es así salte al capítulo 7 -- es broma jejeje --.

Con la química de nuestra parte o no, siempre va a ser una construcción de dos, donde uno siempre se va a esforzar más que el otro, donde se van a turnar o no ese esfuerzo, donde vas a esperar recompensas aún cuando no debieras hacerlo, donde seguramente vas a desfallecer llevándote gratas y no gratas sorpresas, donde la química aparecerá fugazmente de nuevo e igual como llega se desvanecerá, dejando la razón apuntando con el dedo y diciendo: -- Te lo dije --.

Manual para amar a los hombres u "odiarlos"

Quedan completamente advertidos entonces, que la sensación química es finito. Ya habíamos mencionado antes que el amor eterno dura 3 meses, pues más o menos es el caso de la reacción química que nos afecta tan profundamente. No nos alarmemos, no es el único pegamento entre dos personas que quieren compartir su tiempo juntos, es indudable que es uno muy importante, casi instantáneo como el cianoacrilato (super glue, o pega loca que llaman), pero en definitiva no el más esencial. Regresando a las historias curiosas, cuenta la leyenda que para los monjes budistas el amor eterno, reflejado en otra persona, no debería generar sensación alguna. Es decir, que para ellos la famosa frase de amor a primera vista no existe. Según sus creencias, esa persona que llega a tu vida para llenarla de alegría y experiencias fantásticas "en un mundo ideal" no debería, en palabras coloquiales, moverte el piso. Debe, según ellos, ser un momento de paz y de calma absoluta, sin sobresaltos de ningún tipo, ni en la respiración ni en el corazón. Por obvias razones tampoco en la cabeza. Suena un poco fantástico la verdad, pero no es tan descabellado si lo analizamos un poco.

Sacando la química del juego solo queda la razón, quedando solo la razón, podemos discernir de una

¿Y si pasara qué?

forma más clara y sin "perturbaciones en la fuerza", qué es lo que queremos de la otra persona, qué espera esta de nosotros y qué podemos construir en conjunto. Es un pensamiento más maduro y una aproximación más realista a lo que debería ser una construcción de una relación. Con sus bases cimentadas en la razón y no en la emoción. Sueno frío y sin corazón, pero como verás más adelante, las relaciones suelen terminar sacando lo más frío de cada una de las partes.

3, 2, 1, ¡contacto!

Ya tratamos la atracción desde la distancia, ya sea viendo, escuchando u oliendo señales químicas imperceptibles, al menos para la parte racional de nuestro cerebro. Es momento entonces de pasar a los dos sentidos que más nos gustan a todos. El tacto y el gusto.

Como lo dije antes, estos dos sentidos pertenecen a otro nivel, si se tratara de un videojuego sería el segundo mundo después de conquistar el primer castillo. Suelen entregarse incluso como premios, no es fácil llegar a ellos y sin lugar a dudas aportan en algunos casos más satisfacción que todos los otros. Por supuesto al ser premios, las mujeres suelen tener el

Manual para amar a los hombres u "odiarlos"

don de mando sobre ellos. Ejercen dominio como si fueran reinas de un gran castillo el cual defienden de sus tropas invasoras. Saben hacerlo. Saben que si pierden sus fortalezas perderán la batalla y por eso esta etapa del enamoramiento dura más de lo esperado para los hombres. Las mujeres adoran el control, viven y respiran por el. Y es tal vez en el único momento de sus vidas donde al elegir lo pierden por completo.

Me explico, cuando una mujer te permite besarla, ya estas en sus dominios y ella ya no tiene control sobre ti. Cuando una mujer te permite tocarla, pasa exactamente lo mismo. Ahora el que marca el paso del baile es el hombre, ella solo queda encantada, al menos momentáneamente, como si de una flauta y una cobra se tratase. Es una elección de ella, sí; pero no es ella quien pueda controlar lo que está por ocurrir en el ámbito de las sensaciones. Ojo, no estoy diciendo que ella no pueda parar, o salir huyendo en caso de peligro. Lo que digo es que, si fuiste tu el elegido, si ella, bajó la puerta del castillo y ahora estás en el terreno del tacto y el gusto, lo más seguro es que ella no quiera escapar. Solo nos queda hacer las cosas bien, pues es delgada la línea que separa al cafre del caballero.

¿Y si pasara qué?

"Bienvenido al paraíso, próximamente cerrado por mantenimiento" es la frase que deberíamos encontrar al tocar estos dominios. Para ellas y en este ámbito todo lo que diga es especulación, lo más probable es que su cabeza esté, por increíble que parezca, analizando todos los pros y los contras de su elección, pasando del pasado al futuro, deteniéndose solo unos segundos en el presente para darse cuenta que es verdad lo que está ocurriendo y lo que está sintiendo.

Los hombres solemos creernos los mejores amantes, pero lograr el beso perfecto que detenga el viaje en el tiempo del cerebro femenino, es una tarea bastante difícil y más aún si es un primer beso, que la mayoría de las veces suele ser muy malo.

Del segundo beso en adelante, ya las cosas mejoran un poco. Como hombres controlamos mejor los tiempos, leemos mejor las señales y aprendemos de lo que se debe y no hacer. Cada persona que nos encontramos en esta aventura a lo largo de nuestras vidas, es diferente y los besos con todas ellas también. La teoría es la misma, pero pasando a la práctica las cosas suelen cambiar considerablemente. No creo que en el lado femenino las cosas sean muy distintas, seguramente como en la mayoría de las situaciones vistas desde ese punto de vista, ellas van a lo seguro. Espero y actúo en consecuencia. Si no llega lo que

Manual para amar a los hombres u "odiarlos"

esperas, tendrás dos opciones: o te frustras, o vas por él, cueste lo que cueste. Nos toma años darnos cuenta, de esas pequeñas muestras de frustración que expresan de forma inequívoca sus rostros. Creo que si alguna vez un hombre, lograse construir un diccionario preciso de micro-expresiones faciales femeninas, se haría millonario al instante. Levantar una ceja, fruncir un poco el mentón, esbozar una sonrisa minúscula; pueden ser las claves al misterio de entenderlas.

La segunda opción, es ir por eso que buscas cueste lo que cueste. Esto solo desencadena un resultado: la pasión. Déjenme darles un truco. No hay algo más sexy en una mujer que demostrar que sabe lo que quiere y que va a tomarlo. Desde este punto, ya nos tomamos el tiempo de subir la montaña rusa desde el olfato y la vista, aseguramos el carro y lo ponemos en el borde para iniciar el viaje de nuestras vidas, mientras un beso y la determinación de obtener lo que se quiere, nos dispara hacia abajo, a dar vueltas y a toda velocidad. Esto simplemente es disfrutar con pasión. Es un viaje corto pero no por eso menos emocionante. Nos encanta a ambos, lo disfrutamos en exceso y no suele cansar.

¿Y si pasara qué?

Regresando al lado masculino. Lastimosamente nuestra pasión es más animal que racional, una vez estamos en el castillo, es como si un niño entrara en una dulcería, lo queremos todo y lo queremos ya. Solo el tiempo y la experiencia nos enseña a domar la bestia, a tomarnos el tiempo necesario para que las cosas puedan pasar. A dejar avanzar los minutos mientras ustedes se adaptan y se preparan para lo que viene. Somos muy pocos los que aprendemos esto. Nuestra sociedad lastimosamente es machista en exceso y eso nos enseña, sin querer, que la mujer debe ser complaciente. Nada más alejado de la realidad. Desde mi humilde punto de vista considero que la frase "primero las damas" tiene un contexto más amplio que sólo abrir la puerta del vehículo o dejarlas entrar primero a un recinto. Consideren un momento sus mejores encuentros amorosos y se darán cuenta que esta frase actuó de manera silenciosa y clara para que todo fuera perfecto.

El contacto tiende a cambiar con el tiempo, comenzamos con montañas rusas ultra emocionantes y terminamos con cartones sobre pasto donde a duras penas rodamos. Es natural y ya lo hablamos antes. La química no es infinita. Se hace más corta en el tiempo, más aún, si tenemos en cuenta que nos vamos acostumbrando al otro,que nuestro rostro se acopla a

Manual para amar a los hombres u "odiarlos"

sus manos y sus manos a nuestro rostro; se hacen comunes, ya no hay misterio y cuando el misterio termina el interés decae. Pero no todo está perdido como lo veremos a continuación. Las relaciones duraderas suelen estar más fundamentadas en la razón y la negociación que en la pasión y la química. Aún cuando nos haga falta de cuando en vez, es importante saber que siempre podemos regresar a esas primeras magníficas experiencias.

Antes de las cenizas, las brasas.

"*Donde hubo fuego, cenizas quedan*" Suele ser una frase muy usada por todos cuando de viejos amores se trata. Pero de qué viven las relaciones duraderas si el fuego se agota y las cenizas ya no son nada. La respuesta son las brazas. Existen historias fantásticas de marineros que aún con el barco destrozado después de una tormenta, se metían dentro del casco golpeado y entre varios cuidaban un pequeño carbón, no es ceniza, tampoco es fuego; pero ese pequeño trozo de carbón encendido, significaba la diferencia entre la vida y la muerte. Existen tribus nómadas en el húmedo amazonas que transportan su fuego a modo de brasas en comejeneras (Troncos huecos por el insecto comején). Alimentándolo de vez en cuando para que

¿Y si pasara qué?

no se extinga y usándolo para crear llamas cuando llega el momento.

Es esto precisamente lo que mantiene una relación viva, esa capacidad que tenemos de tomar una pequeña brasa caliente y convertirla en fuego cada vez que queramos. Tiene un truco que es difícil de dominar y es que, al contrario de los encendedores, esta braza debe ser alimentada y mantenida por los dos. Un solo lado alimentando la brasa solo traerá frustraciones a una de las partes. Una relación exitosa se basa en esa comunicación y esa capacidad de coordinar y negociar en todo momento. Más adelante les hablaré en detalle sobre la negociación.

Comencemos entonces con las fórmulas del alquimista. ¿cómo puede una relación de años producir fuego? La respuesta no es simple, pero todos las llevamos por dentro. Es importante que todo lo que se haga no sea programado. No hay nada más anti romántico que los horarios. Somos seres a los que nos gusta sentirnos sorprendidos, en ambos lados, experimentamos lo mismo y espero que las sorpresas lleguen de parte y parte. Esto nos lleva a la primera fórmula. La sorpresa, esa capacidad de hacer algo inesperado en el momento inesperado; ya sea un detalle, una cena romántica en medio de la semana,

Manual para amar a los hombres u "odiarlos"

una prenda de vestir diferente, o tan solo una leve sonrisa, puede hacer la diferencia. Conozcan sus límites, comuníquense y lleguen a un acuerdo de hasta dónde son capaces de llegar para avivar la llama. Habrá parejas que incluso inviten amigos para lograrlo; como también habrá otras que con un poco de música y unas velas viejas del estante lleguen a su mejor noche de pasión en años.

No existe una fórmula mágica, tampoco existen garantías de que esto o lo otro funcione. Solo tu conoces a la persona que está a tu lado y solo tu sabes si debes esperar algo de esa persona o tomar rienda suelta a la imaginación mientras el otro te sigue. Recuerda y voy a ser muy insistente en esto. No pretendas que el otro te va a entender el juego a la primera,; si no comunicas es imposible que el otro adivine el objetivo de lo que está por pasar.

Nuestros gusto varían con el pasar del tiempo, es indudable que nuestra forma de sentir al otro cambia. En el caso nuestro, solemos entrar en un estado de confort absoluto, que desde el punto de vista de ustedes, se evidencia como una pasividad ante todo. Esto no llega solo, si ocurre es porque del otro lado algo está pasando también. La mayoría de las veces se centra en los reclamos, los famosos, porque no hiciste

¿Y si pasara qué?

esto o aquello. Este es otro de esos extintores poderosos al fuego de la pasión. Aprende a dejarte llevar, pon sin esperar que ocurra y disfruta cuando pase. Suena más fácil de lo que es, pues como ya hemos visto sus tiempos son bastante diferentes de los nuestros. Solo no olviden que ustedes son las dueñas del castillo y como reinas de este, poseen todas las armas para hacer con nosotros lo que ustedes deseen. La cuestión está en que se tengan la suficiente confianza para encontrar a esa parte sexy y atrevida que está dentro de cada una de ustedes. Es hora de atacar esa falta de confianza que crece con el tiempo. Sabemos que no son las mismas, pero aún así nos gustan. Sabemos que el deseo que irradian no es el mismo, pero aún así nos encanta estar con ustedes. Así que deja los prejuicios de lado. Diviertanse jugando, descubran cosas nuevas y atrévanse a ser diferentes al menos por un rato.

De nuestro lado la cuestión siempre es la misma ¿ qué puedo hacer que no haya hecho ya? Resulta que somos muy buenos para conquistar y muy malos para mantener las relaciones. El sentido de asombro se pierde en el tiempo y si la tenías acostumbrada a una flor cada mes, el día que está falte nacerá un reclamo y por ende las flores dejaran de llegar por siempre. Lastimosamente somos sensibles en extremo, en este

Manual para amar a los hombres u "odiarlos"

sentido. Nos encanta ser detallistas, al menos a algunos. Pero con tan solo una vez que se tenga un reclamo al respecto, terminamos desprestigiando ese detalle y tirándolo al cajón del olvido. No exijas que seamos detallistas. Insinúa que te gusta y que no, sonríe mientras lo haces y agrega algo de sabor a la relación. Creeme puedes conseguir lo que desees siempre. Por algo nos tienen a su lado.

En resumen, las claves para encender el fuego son: comunicación, no imponer sino sugerir sensualmente, proponer nuevas formas conociendo los límites del otro, dar tiempo al tiempo, no esperar nada, solo disfrutar lo que llegue y tener confianza en las armas letales que poseen. Las demás cosas son accesorios decorativos, como las velas, una cama llena de pétalos de rosa, una baño de espuma, una cena romántica o simple música de fondo.

Oferta y demanda

"El amor es como los negocios: unos ofertan, otros demandan y sólo funciona si se llega a un punto de equilibrio" Esta es una frase común que encontramos en el mundo del emprendimiento. Aplica completamente a lo que es una relación, un negocio entre dos partes. Cualquiera que esté leyendo esto y

¿Y si pasara qué?

haya pasado por un proceso de separación se sentirá más que identificado, pues como sabemos al final solo nos une aquello que indican los documentos. Sin embargo para aquellos que aún están disfrutando de los placeres de la unión, con bendiciones o no, es importante que sepan que sin negociación no hay relaciones duraderas.

Desde que tomamos el riesgo de compartir nuestra existencia con otra persona, asumimos de entrada una serie de sacrificios. Algunos invisibles al inicio, otros lo suficientemente claros pero aún así estamos dispuestos a asumirlos. Es la letra pequeña del contrato, antes tu tiempo era tuyo ahora no lo es. Antes tenías un solo compromiso con una familia, ahora son dos. Antes tenías autonomía en tus decisiones, ahora debes consultar primero. Esta es solo una pequeña muestra de todos los puntos que se terminan negociando, ya sea de forma automática o de forma concertada. Como todo en la vida, siempre es mejor tomar las decisiones antes de que alguien las tome por uno. Aquí la química nos juega un papel importante, pues cuando el enceguecimiento químico termina, ya la negociación está bastante avanzada en ambos.

Manual para amar a los hombres u "odiarlos"

Por increíble que parezca, los términos de negociación tienen sus fechas de vencimiento; algunos los llaman las "crisis" y existen diferentes períodos ya conocidos como la del año, la de los cinco años o la crisis de los 30 en algunos de los integrantes de la relación. Todas, sea cual sea su duración o su tiempo de llegada, no son más que entradas en conciencia de alguno o de ambos. Asomos a lo que solía ser y ya no es, el tiempo pasado y futuro haciendo de las suyas. Estos atisbos nos hacen caer en cuenta de cosas que extrañamos o cosas que siempre hemos deseado. Y son precisamente estos los que nos hacen tomar decisiones al respecto. A veces no tan buenas decisiones pero al menos nos ayudan a sacudir un poco el árbol para esperar a ver qué cae.

Más a menudo de lo que pensamos, no tomamos estas visiones del pasado y el futuro muy en cuenta. Nuevamente vamos almacenando, no rabias y resentimientos como antes, sino frustraciones de lo que fue y no ha sido. No lo hagan de ser posible, traten de convertir esto en algo positivo, en oportunidades para mejorar y hacer que esa persona que te acompañe mejore contigo o sea aún mejor para ti. Nuevamente nada de esto tiene garantías, somos seres en extremo complejos. Sin embargo siempre existe la oportunidad de hacer las cosas de otra

¿Y si pasara qué?

manera. De cumplir sueños en conjunto y de crecer como personas en un ambiente que solo trae plenitud.

Como en el mundo del trueque que no es más que un intercambio comercial, se debe cambiar algo por otra cosa que buscamos. En las relaciones funciona igual pero debemos tener algo de inteligencia en los negocios. Habrá cosas que pagaremos a cuotas, sin saber cuántas son y sin tener la certeza si llegaran a complacernos o no. Esa es la realidad, sin embargo vale la pena intentarlo, créanme.

Como todo ambiente comercial existirán momentos donde el oro valga más o menos, o donde el petróleo se transe aún mejor. Las condiciones cambian según el mercado y aplicando las mismas normas, podremos ver cómo a veces, una parte de la relación actúa como comprador y el otro como proveedor y cómo, éstos papeles pueden cambiar de la noche a la mañana. Tenemos intereses distintos como distintos somos todos. Así que a mercadearse como es debido ¿ya les había mencionado que tienen todas las armas a su favor? Creo que ya tienen pistas suficientes.

Suelen describir a los mejores emprendedores como aquellos que soportan mejor la frustración. También son aquellos que son capaces de levantarse

Manual para amar a los hombres u "odiarlos"

obstinadamente una y otra vez aún cuando las condiciones son adversas. Gran lección, nuevamente aplicable a los temas del amor.

La base fundamental de cualquier negocio es la comunicación. De nuevo entra el tema al ruedo, el problema es que no se puede dejar pasar. Negociar y comunicar son esenciales nos guste o no. Mientras más abierto estés a estas dos premisas mejor será tu vida en compañía de otro. Aplica a ambos y se deben desarrollar por ambos. Pues de nada nos sirve negociar con un chino si este no nos entiende ni una palabra de lo que decimos y él a su vez no se esfuerza por entendernos. El fracaso siempre va a ser una espada de Damocles sobre nuestras cabezas, solo depende de nosotros minimizar el riesgo y disfrutar de una vida llena de aventura.

¡Ojo! También existen negocio inviables. Elegir bien el momento de salida, es casi tan acertado como elegir bien el momento de entrada. ¿O es que acaso venderías tu acciones cuando valen menos? No lo creo. Hay empresas en las que es inútil continuar invirtiendo tiempo y esfuerzo. Aprender a salir a tiempo es casi tan difícil como aprender a decir no. Te puedes pasar toda una vida siendo infeliz por el simple hecho de no saber salir a tiempo. Aunque

¿Y si pasara qué?

hablamos de parejas, deben recordar y debo insistir, que nada es más importante que la felicidad propia. De esto se trata la visita en este mundo. Pero dejemos esa tarea al capítulo 7. Algo me dice que ya tienes curiosidad por leerlo.

***

Manual para amar a los hombres u "odiarlos"

Capítulo 7

Empaque y vámonos

Se armó solo y no hay instrucciones para desarmarlo.

Al contrario de un reloj donde separar las piezas es fácil, pero unirlas y que funcione es mucho más complejo (suele ser uno de los juegos favoritos de nosotros lo hombres, pues somos niños), nos encanta desarmar cosas; el problema llega cuando queremos tratar de armarlas de nuevo. Siempre queda una pieza faltante, algo que no encaja, o simplemente todo tirado en alguna parte a la espera de una reconstrucción que nunca llegará.

El amor es algo curioso, suele armarse solo. Aparecer de repente es su costumbre. Sorprendernos con la

Manual para amar a los hombres u "odiarlos"

guardia baja es su parte favorita. Luego somos ridículamente engañados por la química y cínicamente continuamos el juego en pro de un bienestar que tal vez nunca existió. Los años en una relación nos llevan a la costumbre. La costumbre al aburrimiento y el aburrimiento a preguntarnos constantemente si vale la pena seguir viviendo esta elección. Normalmente la respuesta es sí. Miramos a nuestro alrededor y como si fuera un edredón en una noche fría, nos sentimos cubiertos por algo que nos da confort. ¿Quien en sus cabales se levanta en medio de una noche a probar que tan frío está? Nadie. Igual que el edredón nuestras relaciones se envuelven en recuerdos de buenos momentos. Nuestro cerebro amortigua los malos de diferentes maneras. Acumulativa en el caso de ustedes, cual si fuera un volcán. Y difusa en el caso de nosotros, en otras palabras, nos hacemos los bobos en pro del bienestar nuestro y de la relación.

Llega un momento en las relaciones en que nos damos cuenta que es necesario cambiar, ya sea para mantener las brasas a salvo de la tormenta o de la húmeda selva, o para buscar nuestro bienestar. Y cuando digo nuestro, me refiero al propio bienestar dejando todo lo demás de lado. Incluso la persona que está a tu lado. Suena lindo y casi poético, el problema

Empaque y vámonos

es que nuestra educación, nuestra razón y nuestra ética nos enseña a no hacer daño. Y es eso lo que es más difícil de vencer a la hora de anteponer nuestros intereses sobre los intereses de una relación. NOTA: No aplica a relaciones con hijos.

Tomar la decisión es difícil, pero lo es aún más ejecutarla. Cual si fuera una bomba de tiempo buscamos cuál cable cortar, cuándo hacerlo, cómo causar el menor daño colateral. Les tengo una mala noticia: Es imposible terminar una relación sin causar ningún daño. No existe el modo, aún cuando los duelos de hombres y mujeres tengan tiempos diferentes. Siempre existirá un recuerdo, una fecha, una canción o un lugar que genere en el otro una sensación de dolor. Aún en las peores relaciones. Lo podemos ver claramente en las mujeres o hombres que son maltratados por sus parejas. Aún así no las dejan por algún tipo de dependencia. Y si lo hacen tienen el descaro de extrañarlas.

Desarmar una relación puede ser aún más complejo que desarmar una bomba. Toma más tiempo, es más doloroso en diferentes medidas para cada una de las partes. Una relación puede morir en los dos de a poco hasta llegar a un acuerdo de no agresión y un alejamiento natural. También puede ser

Manual para amar a los hombres u "odiarlos"

unilateralmente, lo cual implica más dolor para la otra parte, pues la cobardía masculina da para muchos más libros de los que imaginamos.

A mi manera de ver, la gran mayoría de las infidelidades son más una excusa para terminar con tu pareja actual, que una vía de escape. Se de primera mano, de amigos o amigas que no viven felices, donde sus relaciones están sin cimientos desde hace años, pero aún así, no encuentran la forma de desarmar esa bomba de tiempo. Son cobardes, no por ser una decisión fácil, sino tal vez por ser la más difícil. No el terminar, sino el hacer daño en pro de una búsqueda egoísta.

Ocurre algo peor aún y es usar otra cosa diferente como pegamento de algo que ya no tiene arreglo. Comprar una casa nueva, irse de vacaciones de forma forzada o incluso tener un hijo, son tal vez las excusas más comunes a la hora de buscar una solución "rápida" a una relación rota. Como si adquiriendo más compromisos pudiéramos distraer la aburrición de mantener la obra de teatro en cartelera.

Si algún hombre se atreve a leer este libro le tengo un único consejo. Si lo has pensado y repensado, se valiente; vale más una decisión a tiempo que una vida

Empaque y vámonos

llena de desengaños y tristezas para dos. Para las mujeres, afortunadamente, ahora son más independientes. Por lo que más quieran, no sean las esposas abnegadas que nos tocaron a nosotros como madres. Aquellas que aún con un esposo alcohólico o mujeriego, siempre respetaron la "*sagrada*" institución del matrimonio. Sean felices, ese es el verdadero objetivo de la vida, para eso vinimos y de paso para hacer felices a otros con pequeñas grandes cosas.

Hablábamos de negociación en un capítulo anterior. Solo existen dos cosas que no son negociables:

1. La felicidad propia
2. El respeto desde y hacia la persona que tenemos como pareja.

Nunca en una relación se pueden sacrificar esos dos puntos y por eso, tal vez serán los únicos puntos que verán separados en todo el libro.

Nuestras madres demostraron que siempre prima la familia, incluso pasando sobre esos dos puntos. Pero el tiempo me ha demostrado que mientras más padres y madres solteras conozco, más fantásticos me parecen. Cuan más difícil es el reto que le ponen a este tipo de personas solas con hijos, más airosos salen de ellos.

Manual para amar a los hombres u "odiarlos"

Por eso, tal vez la única unión que pasa por encima de los dos puntos de arriba, el respeto y la felicidad, es la unión entre su madre y sus hijos. Y en algunos casos muy escasos, entre un padre y sus hijos. Si alguno de estos es tu caso, créeme que tienes mi más sincera admiración y respeto. Por siempre.

Así que si todo está pensado, si el plan es desarmar lo que se armó a nuestras espaldas mientras lo disfrutamos, tengan en cuenta que los pasos difíciles deben ser cortos. Háganlo rápido; sean amables, tomen decisiones con la cabeza, pero sin olvidar el corazón, fundamenten todo en el respeto por el otro y les aseguro que ambos saldrán avantes a ese mal momento. No garantizo amistades con ex parejas, pero al menos te verán como una dama o como un caballero después de que baje la marea.

No es lindo ni elegante. No es fácil, pero traten de no usar excusas para afrontar sus sentimientos. Si es por tu bien y estas seguro que asi es, entonces se coherente; como cuando le dijiste que lo amabas con todo tu corazón. El amor muta, pero las personas y su forma de ser suelen ser constantes en el tiempo. Usen lo mejor de sí para despedir aquella persona que alguna vez decidió también dar lo mejor de si para ustedes.

Empaque y vámonos

Huyan ¡Es una trampa!

Para ustedes, nosotros somos todos iguales, únicamente cuando les conviene por supuesto. Para nosotros ustedes pretenden ser todas iguales. Sólo es mirar las modas momentáneas, como las uñas pintadas con una de diferente color en cada mano, o con pequeñas figuritas. En definitiva, ambos géneros tenemos nuestra máscara que oculta cosas a los demás. Nunca nos mostramos del todo. Siempre guardamos algo para nosotros, como si de un tesoro se tratara o en algunas ocasiones como si la fórmula del doctor Jekyll and Mr. Hyde estuviera en nosotros.

Somos trampas ambulantes. Ni nosotros mismos nos conocemos al 100%. ¿Acaso alguno de nosotros ha superado el miedo de conocerse al extremo? Les aseguro que no. Tememos a la soledad, no a la momentánea sino a la permanente. Por eso, esta búsqueda de emparejarnos es un reto y casi una necesidad. Desde que comenzamos a mirarnos unos a otros, buscamos ocultar lo malo y mostrar lo bueno. Esto genera una vaga idea de realidad en el otro que indudablemente está haciendo exactamente lo mismo.

Mi premisa desde hace algún tiempo ha sido hacer dos cosas para evitar este tipo de malentendidos; Siempre

Manual para amar a los hombres u "odiarlos"

ver lo mejor de todos y de todo. Y ser auténtico y coherente con lo que soy y hago. No es para nada fácil, pues como hombre siempre tratamos de mostrarnos como pavos reales frente al género femenino. Afortunadamente, la vida se ha encargado de ponerme frente a situaciones y personas que han ayudado a que este crecimiento se interiorice mucho más rápido y de forma más directa. Recomiendo hacerlo, a la larga, no tienes nada que perder.

Nos enamoramos de ilusiones, creadas por quienes tenemos al frente o por nosotros mismos. Nunca sabrás con quien te casaste, o quien es tu novio. Llegarás a tener una vaga aproximación seguramente, pero nunca lo conocerás del todo. Es por esto, que mostrarse como es no significa un riesgo sino una ventaja. Mostrarse como es, solo te permite ser coherente siempre. Obvio, solo si no cambias en tu esencia, en cuyo caso todo a tu alrededor cambia. Alguna vez una pareja exitosa de abogados sufrió un accidente. Ella, lastimosamente quedó en coma y al despertar después de tres días sufría de amnesia severa. No recordaba nada de su pasado, ni a su esposo ni lo que hacía. Tampoco recordaba lo que sentía, lo que de alguna manera demostraría la teoría de que el amor está en el cerebro y no en el corazón. Por obvias razones, el preocupado esposo en su afán

Empaque y vámonos

por hacerla recordar; en su memoria, trataba de hacer todo lo posible por recordar. Con sus flores favoritas, con caricias que ella rechazaba cual si fuera un extraño, ella confundida, sólo trataba de entender de qué se trataba, mientras para su esposo se hacía cada vez más difícil comprender que ahora tendría que empezar de nuevo un plan de conquista y enamoramiento. Y que ella sin quererlo, tendría la opción de elegirlo o no de nuevo. Ella pasó de ser un ser con máscaras a ser un alguien totalmente auténtico y genuino. Él por el contrario, acostumbrado a su esposa, la que él creó en su imaginario, debía adaptarse a una persona totalmente nueva, como si de un nuevo amor se tratase. Nunca conocí el final de la historia, perdon por dejarlos así. Pero muy seguramente, si ella no recuperó la memoria y el esposo no se esforzó en reconstruir las máscaras de ella, ellos aún siguen juntos. Por el contrario si el empeño de él fue regresar a su antigua esposa. probablemente ya no estén juntos.

Si conociéramos el verdadero yo de cada persona que se nos cruza al frente, seguramente saldríamos corriendo. Bien dice el dicho "quédate con aquel que ha conocido tus peores demonios y aún así sigue a tu lado" yo lo complementaria con "... pero no esperes que sea así siempre" Crudo ¿cierto? pero de eso se

Manual para amar a los hombres u "odiarlos"

trata este libro, de mostrar las cosas como salen del ideario masculino.

Uno de los procesos más difíciles de afrontar en una relación es el desenamoramiento. Por dos razones: primero porque no sabemos si es un bajón momentáneo, o en serio ya no estamos sintiendo lo mismo y segundo porque aún siendo conscientes de lo que está por pasar, no nos gusta en absoluto que nuestra burbuja de confort, el sexo a la carta, los buenos momentos, que aunque escasos, existen, esa comodidad de saber leer la otra persona, el solo hecho de haber hecho la tarea con los suegros y la familia, la inversión en cenas, flores y regalos; se convierta en algo que deba quedar en el pasado. Somos seres extremadamentes cómodos y como tales no nos gusta que nos saquen de ese estado. Es por esto que la estadística de relaciones terminadas siempre va a favorecer al hombre. Si unes cobardía con comodidad, ningún hombre dará un paso al frente.

Desde el punto de vista femenino, solo debo decirle a mis compañeros de género, que deben atenerse con fuerza a una decisión de una mujer. Cuando una mujer decide terminar, no hay marcha atrás. Si esta elección llegó por cualquiera que sea el motivo, es una ley que se cumplirá. Existen las segundas oportunidades, sí,

Empaque y vámonos

pero no es lo mismo, y a quienes las hemos vivido en algún momento, sabrán que no es la misma mujer con la que convives la segunda vez.

Aguantar

Según el diccionario la palabra aguantar tiene los siguientes significados: Sostener, no dejar caer, reprimir o contener, resistir, soportar, reprimirse, contenerse. Todas dentro del contexto de pareja, con una porción de satisfacción alta. El aguante es bueno en los deportes, siempre y cuando no tengas un hueso roto. También es bueno en los negocios, siempre y cuando no tengas a los cobradores por quinta vez tocando tu puerta. Suele ser muy bueno bajo el agua, pues moriríamos ahogados de no hacerlo. Sin embargo en ninguno de estos contextos se considera un aguante ilimitado. Las carreras de competencia tienen un tiempo, una distancia o una meta. En cuanto a los negocios, se tiene un límite o igualmente un objetivo. Y ni hablar de mantener la respiración.

Alguien me dijo una vez, *"me volvería a casar si el matrimonio no fuera para siempre, pero ¿toda la vida? no creo"* El aguante es una condición que al presentarse representa la última fase de una cantidad

Manual para amar a los hombres u "odiarlos"

de falencias esenciales de la pareja, principalmente en la comunicación.

Solemos aguantar de parte y parte. Las mujeres suelen tener maletas más grandes donde aguantan más. Como dije arriba, nosotros los hombres solemos olvidar y optar por el confort del momento. El aguante es paciente pero no infinito. Como tal, en algún momento, por algún lado ese costal lleno de temas por resolver explotará, llenará el piso de partes rotas y afectará a todos a su alrededor.

Llevar el aguante para ambos géneros es diferente. Las mujeres suelen exteriorizar mucho más con sus amigas o familiares, no siempre hacen lo que les recomiendan, ¿pero, quién si? Nosotros por el contrario, solemos acumular y cuando vamos con los amigos lo que estamos buscando es una distracción, nos consideramos autosuficientes aunque no lo somos. Ambos somos extremadamente malos en la toma de decisiones cuando la situación es de aguante. Terminamos pensando en soluciones rápidas y que a veces no son las más acertadas.

Hurgamos en nuestro pasado aferrándonos a esperanzas vanas que ya no aplican a nuestro presente. Aguantamos en silencio mientras ponemos

Empaque y vámonos

una cara de idiotas para que todo se mantenga. O explotamos como un volcán haciendo que la débil torre lo sea aún más. *"No hables con rabia"* Solían decirme; es muy sabio, que hablar lleno de rencores, remordimientos y cosas malas, solo externaliza eso, cosas malas. Pero es mejor eso, a seguir en el proceso de aguantar.

Las mujeres aguantan por amor, los hombres por confort. A no ser que exista una atadura como los hijos o una dependencia por parte de uno de los dos, como lo es el dinero o la salud. El aguante siempre se traducirá en insatisfacción para alguno de los dos y al final para ambos. Si te encuentras en una situación de aguante, no es un buen presagio. Suelen decir que los psicólogos no deben dar consejos sino buscar que encuentres la respuesta por ti mismo. Lastimosamente para ustedes no soy un psicólogo, soy ingeniero, así que aquí va mi consejo. No aguante, resuelva. Si algo le molesta dígalo; si algo no cambia trate de cambiarlo, pero en usted. Si no hay comunicación, motive a que ocurra. Y si al final todo sigue por el mismo camino, decida por su bienestar y su felicidad. Aguantar no es sano y menos si debes cargar la máscara de *"todo está bien"*

Manual para amar a los hombres u "odiarlos"

Recuerden, la época de las abnegadas madres y esposos que se mantenían juntos por el buen nombre de una familia terminó. Somos una generación que se separa más, que está más alejada de los prejuicios religiosos y sociales. Que estamos más abiertos al buen vivir y a la búsqueda de la felicidad. No en el otro, sino en uno mismo. No desperdicies tu vida tratando de arreglar algo que no tiene arreglo. Si el amor lo permite todo tiene solución, siempre y cuando no rompa la regla del respeto y la felicidad propia. De nada sirve tener una relación que aguante, si no eres lo suficientemente feliz para disfrutarla. Así como no vale la pena traer un hijo a una relación que a duras penas se respeta o que ni siquiera se habla.

Aguante no es lo mismo que perseverancia. Como empresario les digo, uno raya en lo obstinado cuando se encuentra perseverando. Pero pasa por tonto cuando obstinado por perseverar termina sacrificando su felicidad y todo lo que le rodea por aguantar. Perseveren hasta el cansancio si sienten que es el caso. La perseverancia debe nacer desde la felicidad no desde la infelicidad como nace el aguante. Luchen por lo que tienen si así lo sienten. Pero no luchen por lo que murió hace tiempo. Hasta los médicos que tratan de revivir a un paciente se detienen después unos minutos cuando ven que ya no se puede hacer nada por él.

Regla 1: No negociar con secuestradores

"Nunca invierta en negocios que usted no pueda entender" -- *Warren Buffet*

Bastante visionaria la frase de este empresario multimillonario. Como muchas cosas en la vida, las frases de los negocios también aplican al amor, y esta no es la excepción. Lastimosamente para nosotros los hombres, nunca vamos a poder entender a las mujeres del todo. Por así decirlo, entramos quedando en este juego. El amor siempre será una lucha de poderes. Como lo son los negocios, existirá un participante dominante y otro que será el dominado. O como lo llamamos antes cuando hacíamos la misma analogía. Uno que oferta y otro que demanda.

Nuestro género posee una natural desventaja de desconocer al ser con el que nos enfrentamos. Así que, casi siempre el hombre entrará como un comprador y la mujer se presentará como la dominante. Lo que es en esencia lo que más les gusta, el control, y no precisamente el del televisor. Existen contadas ocasiones donde la mujer entra relegada al

Manual para amar a los hombres u "odiarlos"

plano demandante y es cuando esta se encuentra completamente enamorada he idealiza a la que será su pareja. Aunque la mujer suele sentir más rápido que el hombre, es el hombre el que suele expresar los sentimientos primero, aún siendo estos sentimientos tenues o inexistentes. Pues para la mujer, expresar sus sentimientos la pone en desventaja. Nos gusta decirles lo que quieren escuchar. Nunca una mujer madura, a no ser que esté obnubilada, te dirá "Te amo" sin que antes tú hayas demostrado con palabras o acciones que tu ya "la amas".

¿A qué viene entonces el tema de no negociar con secuestradores? Como lo vemos en las películas de Hollywood, los secuestros siempre tienen tres componentes. Somos unos simples secuestrados por una banda formada por nuestros sentimientos, la costumbre y el confort. Como si se tratara de crimen organizado, exigen una recompensa a como dé lugar. Salir de este círculo es complejo pues como todo secuestrador peligroso suelen matar a sus rehenes cuando algo sale mal ¿ Y quiénes son los rehenes? Algunos más conocidos y claramente identificados son: la libertad, la autonomía, la confianza en sí mismo, el amor propio, la felicidad entre otros. Suena mal y sabemos que en nuestro caso suele ocurrir más a menudo de lo que queremos, situaciones como el

Empaque y vámonos

síndrome de Estocolmo. Para quienes no lo sepan *"El síndrome de Estocolmo es un proceso psicológico que experimentan algunas víctimas de secuestros o toma de rehenes. Consiste en la generación de vínculos afectivos o de empatía entre la víctima y el secuestrador."* Es increíble como nuestras relaciones, no todas, se fundamentan, viven y respiran como una muestra real del síndrome de Estocolmo.

Aunque nos encanta este "status quo" con visos de secuestro. Es importante entender que en algunos casos es necesario terminar y tratar de huir. Para esto, y como lo vemos en las películas de Hollywood, normalmente es necesario usar la fuerza. Ya sea que los secuestradores se salgan con la suya o que queramos romper las cadenas y correr hacia la policía mientras la música de logro suena por toda la sala de cine. En las películas a veces suelen mostrar a un policía listo con toda la disposición y la paciencia para tomar el caso. Este policía o detective normalmente cuenta con una vida personal arruinada, por algo será. Cuando él llega a la escena comienza una tarea de desgaste y de obtencion de informacion que a la larga no lleva a ningún lado. Son pocas o ninguna las películas donde el negociador resuelve el secuestro.

Manual para amar a los hombres u "odiarlos"

Ya saliendonos de la ficción, nos encontramos con una política real en Estados Unidos. No negociar con secuestradores, debería ser nuestra premisa, si tu objetivo es terminar una relación y reencontrarte contigo mismo o con cualquier otro objetivo banal en tu vida. No estoy hablando de abandonar el barco mientras este acelera, solo estoy diciendo que si es una decisión tomada, lo mejor es hacerlo en serio y no a medias tintas. Hablarlo y discutirlo con esa persona es importantísimo pues no es ella la que te tiene secuestrado. Eres tu mismo y lo que sientes.

Ustedes suelen esperar más pero al final el equipo "SWAT" entra en acción, nosotros con esa cobardía que caracteriza nuestro género en todo lo relativo a los sentimientos; siempre buscamos negociar, aún si esto implica demorar meses o incluso años. Pocos son los casos donde el hombre por sí solo toma la determinación de terminar una relación sin tener un interés externo amoroso, económico o familiar. Los hombres en general necesitan un empujón para dar el paso. Las mujeres solo necesitan llenar la taza gota a gota. Una vez llena, todo explota, como diríamos coloquialmente "tiene más reversa un avión". Ojo las mujeres también se arrepienten, pero nunca olvidan. Cortaremos esta tela más adelante.

Empaque y vámonos

Antes hablamos de algunas cosas que son innegociables como el respeto y la felicidad propia, que por ningún motivo debe depender de un tercero. Si en alguna parte de tu secuestro emocional una de estas dos se rompen por algún motivo. No lo pienses dos veces, debes huir corriendo y dejar todo atrás. Aunque suene egoísta es importante saber que la vida tiene como objetivo tu felicidad. Y en ese orden de ideas el foco debe ser "primero yo, segundo yo, tercero yo. Después el resto". Acudiendo aquí, a no sobrepasar todas las normas morales y sociales de las que tengan conocimiento o con las que hayan crecido.

"Reset"

Si en la vida existiera este botón, ¿realmente lo usarias?. Comenzar de nuevo, sin marcas ni recuerdos de lo que pasó, como si de una película se tratase. Dejar todo atrás y aparecer donde todo comenzó con la opción de iniciar la partida de nuevo. Realmente crees que vale la pena olvidar lo bueno y lo malo. Sé que si estas pasando por esto seguramente tu respuesta sería un rotundo sí. Creo sin embargo, que pasar la pagina sin borrar el pasado es mucho más constructivo para lo que se viene.

Manual para amar a los hombres u "odiarlos"

Se debe vivir el presente, es algo que nos repiten más de una vez en la vida. Pero qué difícil es hacerlo. La experiencia sin quererlo es un ancla al pasado que nos indica, sin discernir entre unos y otros, cómo debemos actuar en tal o cual situación. Solemos generalizar a las personas y a los géneros. De hecho, este libro es tal vez una gran muestra de eso. Lastimosamente a nuestro cerebro le encantan las cajas para almacenar y todo pretendemos etiquetarlo. Como dije muy al principio del libro: No quiero generalizar, pero para poder vernos al espejo de forma realista y entendible, debo hacerlo. Muy seguramente se han visto identificados en muchas de las cosas que aquí expongo, o tal vez lo ven como un juego de palabras sin sentido que se refiere a otros que no son tú. De igual forma es imposible escribir un libro sobre personas y sus comportamientos sin encasillar.

Terminar una relación, no es para nada hacer *"reset"* sobre los recuerdos, por más que nuestro corazón y nuestro dolor del momento nos lo pida a gritos. No es posible. En donde si aplica el *"reset"* es sobre nuestras posibilidades. A partir de una decisión tomada, todas nuestras elecciones comienzan a ser propias y no compartidas. Es este un verdadero "re-set" o nuevo comienzo, como podríamos llamarlo y como en verdad podría traducirse el término. Ojo, esto solo

Empaque y vámonos

aplica para uno de los lados de la relación. A no ser que sea una separación completamente neutra y concienzuda por ambas partes. De las cuales no creo que existan muchas. Queramos o no, siempre va a haber una parte más afectada que otra.

No nos comportamos de maneras iguales al oprimir este botón de borrón y cuenta nueva. Nuestros duelos son diferentes y para ustedes, como ya lo vimos antes en el libro, su duelo es inmediato, desde el primer segundo. Para nosotros por el contrario, las cosas se van desmoronando de a poco. Solemos llegar unos meses después a la parte difícil. Por eso ustedes las mujeres, en sus consejos a las amigas suelen decir: "espera y verás que él se va a arrepentir cuando se de cuenta de lo que perdió" ocurre a veces pero esa aventura la viviremos en el capítulo 8.

Tenemos en nuestras manos una elección de vida, un cambio y dos formas distintas de afrontarlo. Nuevamente lo que antes nos une es ahora lo que nos separa más y más. La diferencia de duelos alimenta nuestros egos de formas diferentes por eso siempre que una relación entre hombre y mujer se rompe de forma seria, no suele unirse hasta pasados al menos 5 meses.

Manual para amar a los hombres u "odiarlos"

Superadas estas etapas de dolor. Solo sigue el asumir y el comenzar el reencuentro con nosotros mismos. Pero este tema no es para este libro en absoluto, pues aquí nos interesa lo que pasa cuando estamos y dejamos de estar unos frente a los otros. Lo que pase ya estando solos y con esta información en la cabeza, ya es tema para otro texto.

Siempre, por más que consideremos la decisión por muchos meses o años, nos vamos a cuestionar si fue la correcta. Esto es un inamovible en nuestras mentes y corazones cuando todo ocurre. Desde ese momento preciso que decidimos tomar la pastilla azul para liberarnos. En ese instante que salimos del sótano oscuro mientras entrecerramos los ojos para que el sol no nos lastime. Siempre tendremos presente la pregunta ¿qué pasaría si ...? Sé que es difícil asumirla, seguramente en algún momento un recuerdo fugaz atacará nuestras cabezas y regresará de nuevo. Eso es un punto que no podemos cambiar y como tal debemos asumirlo como nuestro. Tener la pregunta presente no te hace menos fuerte, por el contrario, tenerla presente solo reafirma que algo bueno pasó, pero que ya estás listo para el segundo paso.

Toda relación pasada debe convertirse en un trampolín para tu nueva vida. Para impulsar todo

Empaque y vámonos

aquello que buscabas obtener al pensar en oprimir el botón. Agradecer no está demás y es completamente válido aún si lo haces en silencio mientras nadie te observa. Así que no hay que tener miedo a lo que se viene, aún si no fuiste tu quien oprimió el botón.

***

Manual para amar a los hombres u "odiarlos"

Capítulo 8

¿Al fin qué pasó con las cenizas?

Oportunidades

Esta palabra suele presentarse en plural, quiere decir entonces que son varias. Suena extraño pero nos las pasamos en esas en ambos lados. Casi que construimos límites invisibles, de esos que nadie se da cuenta, pues solo están en nuestras cabezas. Cuando quien está a nuestro lado sobrepasa alguno de esos límites, decidimos unilateralmente dar una oportunidad. La otra persona ni siquiera se entera que nuestra paciencia se acabó o que nuestra taza está llena. Simplemente recibe desde su ignorancia un permiso de continuar con nosotros en total normalidad.

Manual para amar a los hombres u "odiarlos"

En el exterior solo una micro expresión, una ceja levantada o una pequeña arruga en un mentón. De esas que solo aprendemos a leer cuando ya conocemos a una persona durante muchos años. Sé que pensaron que les hablaría de las oportunidades una vez terminada una relación y así será; pero no podía dejar pasar este apartado para hacer notar que nos pasamos la vida en pareja dejando pasar y dando segundas, terceras, cuartas y no sé cuántas más oportunidades.

Ahora si, lo que querían leer. Sí, es verdad, somos tan tontos como para dar oportunidades y aún más tontos para recibirlas. Somos culpables ambos bandos. Tanto el que oprimió el botón detonador como aquel que se encontraba tratando de desactivar la bomba. A veces el truco nos sale bien pero por único motivo de incitar a arreglar lo que está roto. Y esto nace del hecho de romperlo y que para unirlo hay que hablar.

Dar una oportunidad es brindarse la posibilidad de comenzar de nuevo, si lo hacen quiere decir que la relación ya pasó por la destrucción. Ahora son un montón de partes con dos personas arrodilladas frente a ellas. Dispuestas, desde este punto de vista positivo de las oportunidades, a dar todo de sí para repararlas.

¿Al fin qué pasó con las cenizas?

"Kintsukuroi (金繕い) Es una palabra Japonesa que significa en forma simple, reparar con oro. Forma parte de una filosofía que plantea que las roturas y reparaciones forman parte de la historia de un objeto y deben mostrarse en lugar de ocultarse, incorporarse y además hacerlo para embellecer el objeto, poniendo de manifiesto su transformación e historia"[3] Tenemos un idioma maravilloso, pero a veces el japonés te sorprende con palabras como "Kintsukuroi". Palabras, que aunque no existan en nuestro lenguaje y mucho menos en nuestra cultura, deberían interiorizarse y aplicarse siempre. En nuestra cultura el error humilla y debe esconderse. En la cultura japonesa es experiencia y debe embellecerse y mostrarse. Si ha de llegar una segunda oportunidad que sea para hacer con la relación una reconstrucción más bella que la anterior. Tómense el tiempo de buscar en Internet el resultado del uso de esta palabra en algo tan delicado como la cerámica.

Por el contrario, si la oportunidad desconoce la historia y no tiene en cuenta la esencia de lo que se busca reconstruyéndola, que no es más que mejorarla y exponerla con orgullo; lo que tendremos es una relación más oscura y con problemas más profundos y

---
3
    Wikipedia -- https://es.wikipedia.org/wiki/Kintsugi

difíciles de reparar que antes. Probablemente no sean los mismos, pero seguramente tendrán la potencia necesaria para hacer aflorar lo que antes ya existían.

Solemos dar segundas oportunidades más a menudo cuando estamos jóvenes. Y dar muchas menos a medida que ganamos experiencia. No porque nos hagamos más listos, sino porque nos hacemos más temerosos. No es el mismo dolor cuando terminas la primera vez que cuando terminas una segunda vez. En la segunda tienes el cargo de conciencia que ya habías tenido antes, la valentía para recorrer el camino que ahora recorres. Por otra parte, también solemos dar menos oportunidades a medida que conocemos más personas. Pues después de recorrer el camino varias veces, nos vamos dando cuenta que nuestra felicidad no es negociable.

Nuevamente y como si se tratara de una tregua de guerra sin bandera blanca. Nos acuden las preguntas ¿debo darla? o ¿debo aceptarla? Dos bandos diferentes con dos implicaciones bastante distintas. Si eres tu quien da la segunda oportunidad, debes estar dispuesto a bajar las armas. A entregarte y a esperar lo mejor del otro, teniendo en cuenta que ya tu estrategia es aceptar lo que conlleva estar en esa posición. Ni ventajosa ni desventajosa, simplemente

¿Al fin qué pasó con las cenizas?

más dolorosa. Desde el otro bando solo debe aceptar si continuar con su decisión de estar lejos o continuar intentando algo que a evidentes luces no funcionó. Parte desde la desconfianza y como tal le da la libertad única de apartarse con menos dolor cuando las cosas comienzan a salir fuera de lo esperado.

Dar oportunidades nos hace vulnerables, es indudable, pero si hay un compromiso de usar eso para abrirnos y construir con oro los enlaces que nos unirán, seguramente lograremos que funcione. Igualmente si esa segunda oportunidad se da como un acto desesperado de nuestros sentimientos secuestrados por las sensaciones, nos vamos a encontrar en camino a hacer que la destrucción sea más inminente. Nunca des segundas oportunidades mientras te sumerges en el dolor o la soledad; trata de ser posible de hacer las decisiones racionales más que emocionales. Fácil decirlo pero muy difícil hacerlo. Pon todos los puntos sobre la mesa y como si se tratara de un negocio, ubica los pros y los contras de intentar de nuevo. No pensando en la relación y sus buenos momentos, sino en tu capacidad de ser feliz con o sin esa persona que escogiste.

Crudo y concienzudo como trato de decir las cosas en el libro; debo decirles que no es fácil hacerlo y que

Manual para amar a los hombres u "odiarlos"

más veces de las que pensamos, ese oro con el que tratamos de unir nuestra relación no tiene la suficiente resistencia ni el suficiente brillo; obstinados como somos en no hacerle daño al otro o en tratar de salvar lo insalvable debemos llegar a un límite. Tenlo claro, construye teniendo tu objetivo claro y sabiendo que tu felicidad no es el otro sino tú. Así como la del otro no eres tu, sino el. Nos acompañamos en este camino donde la felicidad de cada uno puede estar en el mismo horizonte y donde ese horizonte puede ser diferente para cada quien en algún momento. Y ni tú ni él tienen la obligación de acompañar al otro si así fuese.

Ábrete a darlas o recibirlas cuantas veces sea, pero construye en ellas todo lo necesario para que cada vez se necesiten menos o simplemente para no darla o aceptarla nunca más, por más doloroso que parezca.

Reconciliación

Egos y orgullos humillados por una decisión. Alguien dio su brazo a torcer. Ambos agachan la cabeza y aceptan culpas. Ambos tiene una leve esperanza de que todo va a salir bien. Y en ocaciones, así es.

¿Al fin qué pasó con las cenizas?

La mejor parte como todos lo dicen, es el sexo. Pero alguno se ha preguntado ¿por qué? El sexo de reconciliación tiene un componente que no lo tiene ningún acercamiento de este tipo, excepto una segunda vez con alguien; pues la primera no suele ser nada agradable. Ese componente misterioso es ese pensamiento que nos dice que hace unos momentos teníamos la certeza de que no compartiríamos nunca más la cama con esa persona. Nos habíamos hecho a la idea de no estar jamás con ella y sin querer eso implicaba no volver a sentir ni a tocar esos territorios que antes fueron de tu uso exclusivo. Así que en esencia, es una primera vez pero con el conocimiento y la experiencia de saber dónde tocar y cómo besar, sumado a la pasión de un encuentro lleno de buenos recuerdos y esperanzas.

Dejando el premio de la reconciliación de lado, es mucha el agua que debe pasar por debajo del puente de una relación para que una reconciliación sea exitosa. Como siempre en toda guerra, alguien debe ceder y agachar la cabeza. Las relaciones son sociedades dispares, que turnan el poder y el control entre unos y otros en diferentes momentos y situaciones. En una reconciliación esto se ve más marcado. A veces ceder no es tan simple, una disculpa

Manual para amar a los hombres u "odiarlos"

sincera es difícil de alcanzar si eres tú quien debe darla; y difícil de obtener si eres tu quien la requiere.

Somos seres orgullosos por naturaleza; diría que más las mujeres que los hombres, pues su instinto de supervivencia es fuerte y suelen entrar a ese estado conocido de protección, donde las barreras se hacen más altas con cada comentario inapropiado. Conseguir una disculpa de una fémina en esta situación, es casi imposible. De nuestro lado la cuestión funciona distinto, solemos dar la disculpa de forma rápida aunque no sincera. Ustedes que no son nada tontas, lo notan de inmediato y por ende se entabla una discusión sobre algo totalmente diferente a la disculpa original.

Reconciliarse es intentar de nuevo; en el ámbito de la negociación es comenzar bajo nuevos términos. Aún siendo los mismos, decidimos cambiar en pro de un objetivo. Pero ¿qué tantas veces debemos buscar la reconciliación? ¿Tenemos un número de cartuchos limitados? Déjenme responder de forma simple. Para bien o para mal, las reconciliaciones tienden al infinito. Son controladas por aquellos famosos secuestradores que les comenté antes y esto hace que nuestro control sobre ellas implique que la policía dé la razón, irrumpa en el recinto y los someta a todos.

¿Al fin qué pasó con las cenizas?

Podemos reconciliarnos las veces que sea necesario siempre y cuando exista el amor que nos nuble la vista a los problemas, pero una reconciliación no tiene garantía de éxito y es en eso en lo que debemos trabajar.

El tiempo entre una ruptura y una reconciliación suele ser un tema también bastante importante. Conozco parejas con reconciliaciones después de varios años. A mi manera de ver, pensaría que más que una reconciliación es una nueva relación. Las personas cambian por dos motivos únicamente: por el paso del tiempo que los muele a golpes con experiencias y porque quieren cambiar. Sácate de la cabeza ese pensamiento que insiste que puedes cambiar a alguien, no se puede. Así que viniendo de personas que se separaron años, creo que cuando se encuentran se conocen en lo bueno y lo malo, pero no son las mismas personas que dejaron atrás.

En cuanto a los cortos tiempos, una desintoxicación química del amor suele tomar entre 5 y 8 meses. Por lo tanto, cualquier periodo de reconciliación que se encuentre en ese rango, diría yo que cuenta como una fuerte pelea más que una separación. Aún sienten algo y la razón no alcanzó a actuar sobre la química.

Manual para amar a los hombres u "odiarlos"

Ahora bien, sobre periodos que no superan los años "en plural" y después de los 5 u 8 meses. Podemos encontrar una reconciliación mucho más sincera. La química no tiene mayor efecto, la razón pudo analizar la situación con cabeza fría y ambos tuvieron suficiente tiempo para saber si quieren o no estar juntos de nuevo. Superar lo anterior no es fácil. Si das la oportunidad o la aceptas, siempre tendrás la misma duda que si no la das o la aceptas. ¿Cómo hubiera sido si ...? Ya sea que esos puntos suspensivos se llenen con "seguir con él o ella" o con "quedarse solo o sola" nunca tendras tu respuesta completa. Y de eso se trata la irónica vida, le encanta poner en nuestras manos las opciones coordinadas en tiempo y en opciones.

No se queden con la duda de saber si haber dado esa oportunidad a esa persona que compartió con ustedes les pudo haber cambiado la vida. Háganlo siempre y cuando el sacrificio en felicidad y respeto no exista. El amor requiere sacrificios, queramos o no. Así que no den espera y ábranle la puerta a la esperanza. Pongan la cabeza antes que el corazón y decidan siempre en pro de ustedes.

¿Al fin qué pasó con las cenizas?

Sólo es otro giro de la rueda.

Según los números, una persona no llega a tener más de 3 relaciones realmente serias en su vida. Promedio que ha ido aumentando como lo hacen las estadísticas de divorcios. Vivimos en una sociedad menos abnegada que en la que vivieron nuestros padres. Los reclamos siempre estarán presentes como una muestra de que somos una generación más irresponsable, a sus hijos. Creo profundamente que no solo los divorcios aumentaron, sino que también aumentaran las personas felices. Con su conciencia tranquila mientras disfrutan de ellos mismos, de su soledad compartida o no e indudablemente de su felicidad buscada.

Terminar una relación para entrar inmediatamente a otra puede ser considerado un error. Pero al ser un ingeniero no pudo darse el lujo de descartar la prueba y el error como una de las metodologías más usadas para lograr objetivos reales. Thomas Alva Edison, el inventor del bombillo eléctrico, probó miles de filamentos incandescentes antes de dar con el que logró traer la luz a la oscuridad. Así que si él lo hizo para darnos luz ¿por qué aquellos que saltan de una relación a otra, no pueden hacerlo? Obviamente todo esto. dentro de los límites del respeto al otro.

Manual para amar a los hombres u "odiarlos"

Sin embargo también considero que hay algo de cobardía en estos saltos al vacío sin soltar las lianas. Algunos de los que conozco temen rotundamente a la soledad, o la desconocen por completo. La soledad es una de las mejores maestras en la vida de alguien, como lo es la falta de recursos. Somos más creativos en la escasez. Pues nuestro cerebro en la abundancia, suele entrar en un estado de confort. Estar solo no es para nada una maldición, al contrario, pocas veces en la vida podrás estar sólo realmente, así que a disfrutar de ese estado.

Somos repetitivos, como si se tratase del mal de Electra y Edipo; vivimos una y otra vez historias. Es común encontrar familias donde lo que le ocurrió a la madre en el matrimonio o con su pareja, suele ocurrirle a la hija. Estamos destinados de alguna manera, a repetir hasta que aprendamos. Dentro del mundo holístico se conoce como karma y tiene un agravante gigantesco. Se supone que lo cargamos desde vidas pasadas. Así que sin siquiera recordarlo ya llegamos con un una duda por pagar. Tengo una teoría un poco más acertada y acotada a una sola vida. Nuestros primeros maestros son nuestra familia. Nuestras primeras relaciones existen dentro de ese marco familiar y solo sabremos reaccionar a esa otra

¿Al fin qué pasó con las cenizas?

persona, tal como nuestros padres y abuelos lo hicieron. Madres solteras y hombres machistas en extremo, son algunos de los ejemplos más comunes.

Cada que una relación finaliza, sea por el motivo que sea, suele presentarse un momento en el que analizas hacia atrás todas tus relaciones pasadas, serias o no, estas te permiten saber qué fue lo que se hizo mal. Tal vez uno de los reclamos más comunes entre parejas que se separan sea ese precisamente; "al menos dime que hice mal". Cuando el fracaso está servido, la culpa suele recaer sobre quien no tomó la decisión. Sea cual sea la posición, traten de ser constructivos con el otro. Guardar silencio no es lo mejor ni lo más sano aún si no planteas seguir con esa otra persona o si quien te acompaña ya no desea estar contigo.

La rueda gira de nuevo, probablemente en tu proxima relacion no seas tú quien termina sino a quien te terminan. Probablemente sea el amor de tu vida, aquel que aprendió a compartir tu felicidad mientras tu disfrutas de la suya. - *Nótese que no hablo de una persona que te haga feliz, eso es un animal mitológico que no existe* - Así que usa la regla principal de este libro: el respeto. Pues aunque no crea en el karma, lo más probable es que la vida dentro de sus juegos de ironías te ponga a alguien para aprender algo nuevo,

Manual para amar a los hombres u "odiarlos"

eso tenlo por seguro. Como el giro de una rueda algunas veces estaremos arriba y otras abajo. Es inevitable que en nuestra vida nos crucemos con todo tipo de experiencias al respecto.

Comenzando de nuevo

¡Felicitaciones! trasegaste todo este camino y ahora eres un sobreviviente en este mundo lleno de zombies enamorados. Ahora viene la parte más fácil, recoger las piezas sobrantes y armar un prototipo de un ser humano decente de aquello que quedó. Digo la parte más fácil porque sin lugar a duda todo lo que ya se recorrió hasta aquí aún siendo engañados por la química y secuestrados por los sentimientos, terminó siendo un triunfo.

"Estas loco, pero si separarse es un fracaso y la tusa es lo más duro" - Gritan todos - Lo se, esto es lo que quieren todos que pensemos. Es lo culturalmente correcto, solo recuerden que ya en el mundo se hacen fiestas de separación también. No estoy siendo irónico, bueno, apenas un poco. Sabemos que duele, aunque no debería. Sabemos que es difícil, aunque nuevamente no debería ser asi. A ver, vamos a hacer un inventario de lo que nos quedó: Estamos vivos, tenemos tiempo, tenemos la capacidad de elegir, nos tenemos a

¿Al fin qué pasó con las cenizas?

nosotros. Creo que no falta nada, al menos con eso se puede construir un ser humano decente y feliz.

Hablo en serio, la tusa como la llamamos aquí en Colombia, que describe ese dolor que sentimos cuando ya no estamos con otra persona, tiene una etimología fantástica. Según la RAE[4] es un *"Esfuerzo excesivo y penoso."* para Latinoamérica también significa: *"Persona despreciable y de poca dignidad".* Aquí tendríamos que entrar a analizar si es quien la siente o por quien la sentimos. Pero mis amigos de la RAE no se quedan solo con eso y esto les va a encantar. Tusa también significa *"Mujer muy alegre y pizpireta."* Vamos por partes entonces. Si comenzamos con que es un gran esfuerzo, y sabemos que es de aquellos que no valen la pena, entonces ¿por qué seguir en ese camino? Por otro lado, si sabemos que es una persona despreciable y de poca dignidad, que es como suelen llamarnos las mujeres en situaciones de este estilo, entonces nuevamente ¿por qué embarcarnos en alguien que no es constructivo para nosotros? Ahora bien, si se trata de mujeres alegres y pizpiretas, esta definición si describe alegría y felicidad ¡Ah por esta entonces!

4
       http://dle.rae.es/?id=ayenXhi

Manual para amar a los hombres u "odiarlos"

Pongámonos serios de nuevo. Comenzar de nuevo debe ser un objetivo claro y conciso dentro de nuestra vida; tanto así que se debe asumir con mayor responsabilidad que con la que lo asumimos normalmente. Pensamos que al estar separados y comenzar de nuevo, nuestro mundo se viene abajo. Nuevamente nuestros recuerdos, que no digo que sean malos, están atacando. Ten presente el presente y verás que tu pasado no tiene por qué definir tu futuro.

Nos embarcamos junto con un pote de helado y un sofá a sufrir por algo que no se debe sufrir. No es fácil, eso lo sé, incluso desde la posición de haber sido quien tomó la decisión, pero tampoco debe ser una trampa mortal. Sé que si lees esto y estás pasando por algo medianamente parecido, estabas pensando: "*Idiota, fácil decirlo*" si eres de esas, entonces te tengo una propuesta: deja este libro sobre la mesa, pon música y ponte a bailar. O mejor aún, busca un poco de dinero y cómete el mismo helado que te estás comiendo ahora pero en otra parte, afuera en el mundo real, al menos eso te obligara a ponerte decente. Ya está bien de ojeras y llanto. ¡Upa! la ví.

Reconstruirse no es más que perdonarse. No es más que darse la oportunidad de conocerse mejor y de explorar en profundidad que esa caverna oscura que

¿Al fin qué pasó con las cenizas? llamas soledad no es más que un pequeño paso a un jardín abierto llamado felicidad. No necesitas de nadie para eso. O bueno tal vez puedas agradecer a aquel que te dejó y que ahora sin querer te muestra el camino.

No existe un truco mágico o una receta infalible para lograrlo en menos tiempo. Como los postres en frio, necesitan tiempo para cuajar. Y esto solo lo da tu capacidad de salir del pasado y sumergirte en la importancia de vivir y hacer feliz tu presente. Se sabe que tus amigas te van a distraer. También que tu familia lo va a odiar. Que vas a llorar y que vas a querer tirar todo para arriba.

¡No lo llames¡ ¿O si? ya tienes todas las herramientas para decidir si debes hacerlo o no. Igual no vas a hacer caso. Solo recuerda que si levantas el teléfono para bajar el orgullo y dar el brazo a torcer, desde el otro lado existe una persona haciendo exactamente el mismo proceso, en ventaja o desventaja, eso no lo sabemos. Pero al fin y al cabo, también encontrándose con su soledad y probablemente basados en los tiempos del duelo entre hombres y mujeres que ya vimos antes. Disfrutando mientras tu estas de muerte lenta.

Manual para amar a los hombres u "odiarlos"

Soledad

Tienes tu premio, ya no estás en la bodega de los emparejados. Ahora regresas al mercado de los usados, tal como debe ser. Con más experiencia y más herramientas para afrontar lo que está por llegar. Una vida feliz sin depender de nadie. Esta es la forma como debemos ver la soledad. Ese espacio donde puedes andar en pijama todo el dia, comer a deshoras, eres dueño del control del televisor y de todos los lados de la cama. Dónde sueles hablar solo, reir solo y llorar solo. Pero ese espacio en definitiva, dónde eres tú.

De ti depende con quien compartirla desde la alegría. De ti depende tambien como disfrutarla sin compañía. No es una obligación tener pareja, como siempre nos han querido pintar en las películas. Tal vez las personas más felices del mundo sean las solitarias. Al fin y al cabo todo es para ellos. Tampoco quiero estigmatizar el compartir con una pareja. Lo que si quiero dejar claro, es que ese NO ES el principal objetivo de tu soledad. Si estás solo disfrútalo ¿por qué preocuparse por estar con alguien a como dé lugar? ¿No es este el nacimiento de todos los errores que ya hemos visto en estas páginas?

¿Al fin qué pasó con las cenizas?

Encontrar una soledad bien llevadera toma tiempo. Esto de encontrarnos no es nada simple. Solemos saltar de la compañía familiar a la compañía de pareja. Como lo dicen las novias de antaño *"usted me saca de esta casa vestida de novia"* Lastimosamente ese pensar hace que las mujeres y los hombres conozcan poco o nada su independencia. Aunque la cultura latina ahora está cambiando y nuestras familias ahora dan más libertades como permitir un viaje para aprender idiomas o facilitar un estudio en el exterior. Seguimos siendo unos seres completamente inexpertos en el tema de la soledad a temprana edad.

Luego llega el momento de la primera ruptura amorosa. Normalmente si es un noviazgo largo, regresaremos a nuestros hogares. Si se trata de un matrimonio seguramente los hombres buscarán su camino mientras las mujeres buscaran a sus familiares.

La rueda da otro giro y de nuevo nos encontramos en una relación. El tiempo entre una y otra suele ser corto, pues no solo nuestra sociedad nos alienta a estar en parejas, sino que una de las medidas de éxito propias de cada ser, es estar al lado de alguien. Éstos objetivos sembrados en nuestro ser, no van haciendo mella. obligándonos sin querer a odiar el estar solos.

Manual para amar a los hombres u "odiarlos"

Estar solo es un premio y como tal debe ser disfrutado. Viene de la mano de un montón de cosas fantásticas. La libertad, por ejemplo, es tal vez la más importante de todas, pues es la primera que se sacrifica. No lo nieguen, son muchas las cosas que ya no puedes hacer cuando decides estar con una persona. No en vano es el primer sacrificio de ambos.

Como una curiosidad, podría decir que algunas de las personas más felices que he conocido viven solas. Aunque debo confesar que no soy una buena referencia en estos temas, pues como pueden ver, estoy escribiendo un libro en solitario, mientras todos los demás se divierten en parejas. -Es broma- No estaría haciendo esto sino fuera algo total y absolutamente divertido.

Las mejores relaciones respetan y disfrutan la individualidad. Que no es más que la soledad en pareja, es decir, permitirnos tener nuestro espacio sin que interfiera el espacio del otro. Es un equilibrio precario y suele mencionarse en todos los libros de autoayuda relacionados con la pareja. El famoso espacio personal no es físico, ni es temporal. Es simplemente un estado donde esa persona pueda estar sola con sus pensamientos y reflexiones o

¿Al fin qué pasó con las cenizas?

simplemente haciendo algo que ustedes odian que hagamos ¡Nada!

Para algunas mujeres es muy difícil entender este estado del hombre y no logran permitir que la persona que las acompañe lo obtenga. En el caso nuestro, es casi imposible conocer a una mujer que tenga un espacio propio en soledad. Casi siempre es: trabajo, amigos, familia, casa y así. En fin, el tema "parejas" ya quedó atrás en el libro, así que sigamos con el cultivo intensivo de la soledad en soledad.

Domingo en la mañana, la cama destendida mientras te preparas para dar una vuelta. Al otro lado de la cama para alcanzar el control remoto. Nadie te molesta. Nada hace falta. Mediodía, antoja un almuerzo liviano más no el esfuerzo que este implica. Algo de comida chatarra no estaría mal. Nadie que me reproche ni me proponga una opción más elaborada que implique bañarse. Cae la tarde, es hora de dejar la comodidad de la casa y se me antoja un buen café. Puedo elegir el dónde, el cómo y el cuándo. No hay negociaciones. Tu eres tu propio monopolio, lo controlas todo. Y si no estoy mal, que es lo que más le gusta a las mujeres ¡Ah sí, el control! Lo tienes, disfrutalo mientras puedas evitar ser secuestrada por tu corazón.

Manual para amar a los hombres u "odiarlos"

***

Capítulo 9

Esto aún no termina

Como si se tratara de una historia de ficción, me he tomado bastante tiempo escribiendo este pequeño texto que contiene algunas verdades incompletas de los géneros. No pretendo en ningún momento que encuentres en estas líneas la respuesta definitiva a todas las inquietudes que pueden surgir en una relación de pareja. O en el casi nulo entendimiento que llegamos a tener uno del otro en el transcurso de nuestras vidas. Como lo dije en las primeras páginas, este es un escrito divertido y ese precisamente el objetivo. Robar sonrisas, objetivo que todos deberíamos tener en la vida por lo menos una vez.

No es un tratado psicológico ni pretende serlo. Soy ingeniero y fue esa precisamente la mirada que quería dar en este libro. Una mirada fría y pragmática de cómo somos dentro de este pequeño entendimiento.

Manual para amar a los hombres u "odiarlos"

Muchas me odiarán por lo que aquí se dijo y si alguna vez llegara a manos de un hombre; seguramente también pensarán que estoy loco por ponerlos al descubierto. A ellos les respondo que cuando dejen la cobardía, seguramente ellas bajaran sus armas y se prestaran a amar mejor, haciéndolos a su vez mejores amantes a ustedes.

Probablemente me anime alguna vez a hacer un libro pensado para hombres y como una ayuda para que sean mejores en los vastos campos del mundo femenino. El tiempo lo dirá. Este experimento, como ya lo he dicho muchas veces antes, ha sido de lo más divertido que hecho en la vida. Así que lastimosamente se encontraran con alguna otra historia en letras desde este punto de vista.

Las herramientas que aquí expongo, solo son aplicables si de verdad quieres hacer un cambio en la otra persona. No aplicándolas en ella como una excusa diciendo: *"lo leí en un libro y ustedes son así"* sino más bien, como un modo de pensar distinto. Donde te des la oportunidad de detenerte un momento y decir: *"Creo que debería cambiar este pequeño detalle, tal vez así lo haga más feliz de lo que ya es a mi lado."*

Esto aún no termina

Si leíste este libro desde la confortable y cálida soledad. Entonces mis palabras serán más directas. Disfruta tu estado, ríete solo mientras tratas de explorar las micro expresiones que nos delatan. Vive intensamente cada momento y siempre que puedas regala una sonrisa al mundo. Si nace de ti, seguramente será contagiosa.

***

Esto aún no termina

Agradecimientos

A mi familia aunque no tiene ni la más mínima idea que su hijo y hermano ingeniero le dio por escribir un libro sobre relaciones de pareja. Seguramente llegara a sus manos en su momento, así que gracias por hacer de este ingeniero de números un buen ingeniero para las letras también. Seguramente recordarán que perdí español más de una vez en el colegio, jejeje.

A todas quienes acompañaron mi camino como mis parejas en su momento; gracias por enseñarme y construir en mi lo que ahora soy. Disfruté cada momento con ustedes y espero haber hecho que

Manual para amar a los hombres u "odiarlos"

disfrutaran cada momento conmigo. En cuanto a los momentos malos, cada relación tiene sus ires y venires y de eso se trata, de crecer. Les deseo lo mejor en sus vidas dentro del amor que alguna vez sentimos y que hoy se convierte en agradecimientos.

A mis amigas, que tal vez son las más afectadas con este proyecto, ellas saben quienes son y no tengo más que agradecimientos pues sin el impulso que ellas motivaron en mí, no habría sido posible llegar hasta esta página del libro que hoy lees. Espero lo disfruten tanto como yo lo disfrute haciéndolo.

www.ingramcontent.com/pod-product-compliance
Lightning Source LLC
Chambersburg PA
CBHW022114040426
42450CB00006B/690